WÜRDEST DU EINEM FISCH BEIBRINGEN, AUF BÄUME ZU KLETTERN?

Eine andere Sichtweise auf Kinder mit ADS, ADHS, Zwangsstörung und Autismus

WÜRDEST DU EINEM FISCH BEIBRINGEN, AUF BÄUME ZU KLETTERN?

Eine andere Sichtweise auf Kinder mit ADS, ADHS, Zwangsstörung und Autismus

Von Anne Maxwell, LCSW,
Gary M. Douglas und Dr. Dain Heer

Würdest du einem Fisch beibringen, auf Bäume zu klettern?
Eine andere Sichtweise auf Kinder mit ADS, ADHS, Zwangsstörung und Autismus

Copyright © 2019 von Anne Maxwell, Gary M. Douglas und Dr. Dain Heer

Die englische Originalausgabe erschien 2014 unter dem Titel "Would You Teach a Fish to Climb a Tree? A Different Take on Kids with ADD, ADHD, OCD and Autism"

ISBN: 978-1-63493-262-2

Alle Rechte vorbehalten. Kein Teil dieser Veröffentlichung darf ohne die vorherige schriftliche Einverständniserklärung des Herausgebers reproduziert, in einem Datenabfragesystem gespeichert oder in jeglicher Form oder durch jegliche elektronische, mechanische Mittel, Fotokopien, Aufzeichnungen oder in sonstiger Form übertragen werden.

Autor und Herausgeber des Buchs erheben keinen Anspruch und geben keinerlei Garantie auf etwaige physische, mentale, emotionale, spirituelle oder finanzielle Resultate. Alle Produkte, Dienstleistungen und Informationen, die vom Autor zur Verfügung gestellt werden, dienen ausschließlich dem Zweck der allgemeinen Bildung und Unterhaltung. Die in diesem Buch bereitgestellten Informationen stellen in keiner Weise einen Ersatz für medizinische oder professionelle Beratung dar. Sollte der Leser irgendwelche der Informationen, die in diesem Buch enthalten sind, für sich selbst verwenden, so übernehmen Autor und Herausgeber keinerlei Verantwortung für etwaige daraus folgende Handlungen.

Veröffentlicht von Access Consciousness Publishing, LLC
www.accessconsciousnesspublishing.com

Gedruckt in den Vereinigten Staaten von Amerika
Internationaler Druck in Großbritannien und Australien

Deutsche Erstausgabe

Jeder ist ein Genie. Wenn man aber einen Fisch nach seiner Fähigkeit beurteilt, auf Bäume zu klettern, wird er sein ganzes Leben lang im Glauben leben, er sei dumm.

~Albert Einstein

DANK

Vielen Dank an Jill McCormick für die Inspiration, dieses Buch zu schreiben, und für ihre vielen Beiträge, die dies ermöglicht haben.

Und auch an all die Kinder, die an unseren Kursen teilgenommen haben, ganz besonderen Dank dafür, dass ihr uns gezeigt habt, welches Geschenk ihr seid, wie wir euch helfen können und wie wir vielleicht das haben können, was ihr habt.

Inhaltsverzeichnis

1	Einige Bemerkungen über Etiketten	12
2	Eine neue Perspektive	16
3	Was, wenn deine Kinder perfekt sind?	21
4	Eine Kultur der Frage kreieren	23
5	Wir sind alle unendliche Wesen - also auch deine Kinder	31
6	Was ein Wolf uns darüber zeigte, wie Kinder mit Autismus kommunizieren	38
7	In Bildern kommunizieren	46
8	Gedanken, Gefühle und Emotionen anderer Leute aufschnappen	52
9	Mit Kindern arbeiten, die sphärisches Gewahrsein haben	65
10	In der Natur sein, sich mit Tieren verbinden, spielen und die Welt erkunden	70
11	Die Zone	76
12	Wenn Kinder weit weg zu sein scheinen	85
13	Was, wenn ADS und ADHS eigentlich Talente sind?	93
14	Mit Kindern umgehen, die ADS oder ADHS haben	99
15	Aufregung vermeiden	109

16	Erlauben	124
17	Wahl	131
18	Das Clearing Statement	138
19	Was ist deine Rolle als Elternteil?	142
20	Dankbarkeit, Liebe und Fürsorge	160
21	Die Fähigkeit und Bereitschaft wahrzunehmen, was ist	165
22	Die Sprache der Energie	177
23	Tipps und Werkzeuge für Erfolg in der Schule	184
24	Wir alle haben die Fähigkeiten, die die X-Men haben	197

Nachwort	203
Was bedeuten die Wörter im Clearing Statement?	206
Über die Autoren	209

GLOSSAR

In diesem Buch werden bestimmte Begriffe wiederholt, und da sich ihre Verwendung ein wenig vom gewohnten Sprachgebrauch unterscheidet, soll hier kurz auf ihre Bedeutung und Verwendung bei Access Consciousness eingegangen werden.

präsent sein mit etwas – etwas wahrnehmen, ohne es wegschieben oder darauf reagieren zu müssen; zum Beispiel eigene Gefühlsregungen

gewahr sein – etwas bemerken, sich einer Sache bewusst sein, und zwar nicht auf die fünf Sinne und den Verstand beschränkt, sondern darüber hinausgehend.

Gewahrsein – die über die 5 Sinne hinausgehende Wahrnehmung der Welt, häufig als „Instinkt/Intuition" bezeichnet; als Ergebnis einer Wahl auch „Erkenntnis".

übersinnlich – bezeichnet eben jene Wahrnehmung, die „über" die 5 „Sinne" hinausgeht.

Wahl/wählen – dies ist ähnlich wie eine Entscheidung, dabei aber viel flexibler und immer abänderbar – ich wähle in diesen 10 Sekunden, am Tisch zu sitzen, in den nächsten 10 Sekunden wähle ich aufzustehen, dann wähle ich, betrübt zu sein, und wenn es mir reicht, wähle ich, wieder fröhlich zu sein.

~ 1 ~
Einige Bemerkungen über Etiketten

Definiert diese Kinder nicht anhand ihrer Diagnosen.
Ihr begrenzt damit euer Empfangen von dem, was sie euch zu schenken haben.
Stellt stattdessen eine Frage:
„Welches Talent haben sie, das ich nicht empfange?"
~ Gary Douglas

Anne:

In all den Jahren, in denen ich mit Kindern und Familien gearbeitet habe, ist mir zunehmend klarer geworden, dass es bestimmte „Kulturen" des Denkens oder der Einstellung in Bezug auf Erwartungen an Menschen – und ganz besonders Kinder – gibt, wie sie funktionieren sollten. Diejenigen, die nicht gemäß den Regeln und Bestimmungen funktionieren, die in ihrem Umfeld gelten, werden von den Vertretern und Fürsprechern dieser „Kulturen" abgestempelt. Dies geschieht sehr häufig im Bildungsbereich und medizinischen Kreisen.

So oft kommt man zu der Schlussfolgerung, dass Kindern, die nicht „hineinpassen", beigebracht werden muss, wie sie sich verhalten sollen, damit sie lernen können, so zu funktionieren, als seien sie „normal" und „durchschnittlich" und genau wie alle anderen. Das Problem ist, dass sie *nicht* normal und durchschnittlich sind. Meiner Ansicht nach bewirken wir, wenn wir von ihnen fordern, normal und durchschnittlich zu sein, zweierlei: Wir vermitteln ihnen, dass etwas mit ihnen falsch ist und verlangen von ihnen, jemand zu werden, der sie nicht sind.

Etiketten oder Diagnosen (auf Englisch „label") rufen Bilder, Antworten und Definitionen hervor und nichts, was innerhalb der Begrenzungen der Etiketten keinen Platz findet, kann in Betracht gezogen werden. Mit anderen Worten: Die Etiketten definieren, und sobald jemand abgestempelt ist, trägt er oder sie dieses Etikett für immer! Einige der gängigsten Etiketten sind Autismus, Zwangsstörung, ADS und ADHS. In der Medizin werden all diese Diagnosen in variierender Intensität beschrieben, von leicht bis schwerwiegend.

Autismusspektrumstörungen. Es gibt eine Reihe Diagnosen psychischer Störungen, die unter die allgemeine Kategorie der Autismusspektrumstörungen fallen, auch ASS genannt. Diese umfassen autistische Störungen, das Asperger-Syndrom und tiefgreifende Entwicklungsstörungen. Diese Diagnosen sind ein Versuch, eine Vielfalt an Symptomen, Fähigkeiten und Schwierigkeiten zu beschreiben, die Menschen damit haben, in dieser Realität zu funktionieren. Bisweilen bezeichnet man Menschen, bei denen ASS diagnostiziert wurde, als „Menschen im Autismus-Spektrum". Was Kommunikation, soziale Interaktion und Beziehungen angeht, funktionieren sie anders als sogenannte normale Menschen. Ihr Verhalten ist häufig repetitiv, sie können „seltsam" wirken und die Ausgeprägtheit ihrer Symptome reicht von hochfunktionalen Menschen bis hin zu Personen, die in dieser Realität nicht sprechen oder funktionieren können.

Zwangsstörung bzw. OCD (englisch: obsessive-compulsive disorder) ist eine Diagnose, die wiederkehrende und anhaltende Gedankenmuster und Verhaltensweisen beschreibt, die repetitiv und rituell sind und genug Disstress bewirken, um sich störend auf den Alltag auswirken zu können.

Dann gibt es die Diagnosen **Aufmerksamkeitsdefizitsyndrom** bzw. ADS, und **Aufmerksamkeitsdefizitsyndrom mit Hyperaktivität** bzw. ADHS. Menschen mit diesen Diagnosen haben meistens Schwierigkeiten, sich auf nur eine Sache zu konzentrieren; sie hören scheinbar nicht zu und sind leicht abgelenkt. Kinder mit ADHS tendieren zu extremer Aktivität. Sie sind häufig nicht in der Lage stillzusitzen, und ihr Verhalten umfasst Herumzappeln, übermäßiges Reden, Herausplatzen mit den Antworten und Unterbrechen.

ADS, ADHS, Zwangsstörung und Autismus gehören zu den Etiketten, die ein Kind dazu „verurteilen" können, dass es auf eine bestimmte Art gesehen wird. Diese Etiketten sind als Beschreibungen von „Behinderungen" bekannt, und Kinder mit diesen Diagnosen werden als „behindert" oder „eingeschränkt" definiert und betrachtet. Sobald dieses Urteil gefällt wurde, besteht offensichtlich nicht mehr viel Raum für eine andere Sichtweise auf diese Kinder.

Mir ist bewusst, wie hoffnungslos es Menschen erscheinen mag, die nicht in die Kultur hineinpassen und als behindert, gestört oder mangelhaft eingestuft werden. Dies gilt auch für die Eltern dieser Kinder, die ihren Kindern so sehr wünschen, ein glückliches und erfolgreiches Leben zu führen.

Allerdings gibt es in den Massenmedien immer mehr Geschichten über Kinder, die in jungen Jahren als autistisch diagnostiziert wurden und deren Eltern man sagte, sie könnten niemals lesen, sprechen oder sich auf andere Menschen einlassen. Diese Kinder sind nun junge Teenager und absolvieren Bachelor-, Master- und Doktorandenstudiengänge an renommierten Universitäten. Was haben all diese Geschichten gemein? Es sind die Eltern, die die Etiketten, die ihren Kindern aufgedrückt wurden, nicht abgekauft und stattdessen erkannt haben, dass so viel mehr möglich war, als die Experten ihnen sagten.

Diese Eltern ermutigten ihre Kinder, ihre Interessen zu verfolgen und zu tun, was sie liebten, egal, wie seltsam es erscheinen mochte. Eine ganz besonders inspirierende Geschichte erzählte eine Mutter, deren autistischer Sohn nur mit Formen und Schatten spielen wollte. Er scheiterte in seinem „Sonderschul"-Programm, in dem er gezwungen wurde, Dinge zu tun, die er nicht tun wollte. Sie stellte fest, dass er sich immer mehr öffnete, je mehr sie ihn ermutigte, zu tun, was ihm Spaß machte. Und als sie seinen Interessen folgte und ihm Ressourcen zur Verfügung stellte, um diese Interessen zu unterstützen, begann er zu sprechen und aufzublühen.

Als er drei Jahre alt war, sagte man ihr, er würde nie sprechen. Mit elf schrieb er sich an einer Universität ein und begann Mathematik zu studieren.

~ 2 ~
Eine neue Perspektive

Was, wenn mit diesen Kindern nichts falsch wäre?
Was, wenn sie nur anders sind?
~ Gary Douglas

Anne:

Mein erster Job als Kinder- und Familientherapeutin direkt nach Abschluss der Universität 1991 war in einem stationären Behandlungszentrum für Kinder, bei denen psychiatrische Störungen festgestellt worden waren. Diese Kinder waren nicht in der Lage, zu Hause, in der Schule oder in der Gemeinschaft zu funktionieren, und hatten mehrfach in weniger strengen Einrichtungen „versagt". In den Vereinigten Staaten gelten stationären Behandlungszentren für Kinder als die fast allerletzte Station. Die einzigen Orte, die noch dahinter auf diesem Weg liegen, sind Gefängnisse oder staatliche psychiatrische Kliniken.

Es gab zwei Arten der Unterbringung für Kinder in diesem Zentrum – im stationären Programm, was bedeutete, dass sie ständig in einer der Wohneinheiten lebten und auch am hochspezialisierten Schulprogramm teilnahmen – oder im ambulanten Behandlungsprogramm, was bedeutete, dass sie nicht auf dem Gelände wohnten und während der Schulwoche am hochspezialisierten Schulprogramm teilnahmen. Ich wurde als Psychotherapeutin sowohl für das stationäre als auch das ambulante Programm eingestellt und arbeitete mit Kindern im Alter von drei bis achtzehn Jahren. Mein Spezialgebiet waren die jüngeren Kinder.

Die Kinder mit einer ADS-, ADHS-, Zwangsstörung- und Autismus-Diagnose waren diejenigen, die eine besondere Herausforderung für die Mitarbeiter darstellten. Viele waren ständig in Bewegung, selbst wenn sie auf einem Stuhl saßen. Sie lachten immer zur (scheinbar) falschen Zeit und plapperten die Antworten heraus, konnten aber nicht erklären, woher sie sie hatten, selbst wenn die Antworten richtig waren. Das Verhaltensprogramm zeigte wenig bis gar keine Wirkung bei diesen Kindern. Sie galten als respektlos, aufsässig, schwierig und problematisch in der Zusammenarbeit. Andere, die stärkere Behinderungen hatten, erschienen ziemlich abwesend und verschlossen. Wenn sie doch antworteten, schienen sie auf etwas zu reagieren, das für den Rest von uns nicht ersichtlich war. Manchmal wurden sie wütend über Dinge, die wenig bis gar nicht provozierend waren. Ihre emotionalen Ausbrüche waren so intensiv, dass mir die Haare zu Berge standen!

Es gab ganz viele verschiedene Mitarbeiter im Zentrum, und sie hatten ganz unterschiedliche Spezialgebiete. Diejenigen, die ich am liebsten mochte, waren die magischen Leute, die die Kinder als das sahen, was sie waren, und nicht als die Etiketten, die man ihnen aufgedrückt hatte. Das waren die Kollegen, die im Zweifel für die Kinder waren. Sie wussten, dass die Kinder mit den Werkzeugen, die sie hatten, ihr Bestes gaben. Und sie wurden auch von den Kindern am meisten gemocht. Einer dieser magischen Leute war eine Frau namens Naomi, eine Spezialistin im Schulprogramm. Als ich Naomi traf, kam ich frisch von der Uni und fühlte mich den Kindern, die Schwierigkeiten hatten, sich zu konzentrieren, besonders verbunden. Ich stellte ihr Fragen über Kinder mit ADS und ADHS. Sie sagte: „Es ist, als hätten sie Hunderte von Fernsehbildschirmen in ihrem Kopf, die alle auf einen anderen Kanal eingestellt sind. Die Lautstärke ist aufgedreht, und sie haben keine Fernbedienung, um sie herunterzudrehen oder alle Bildschirme auf denselben Kanal einzustellen. Sie können nichts dagegen tun!"

Das ergab Sinn für mich. Manchmal schien es, als ob die Kinder sich so sehr bemühten, sich zu sammeln und zu konzentrieren, und sie schienen doch gänzlich unfähig dazu zu sein. Ich fühlte mich ihnen verbunden, weil bei mir auch schon immer mehrere Dinge gleichzeitig in meinem Kopf abgelaufen waren. Als Kind hatte man mir immer gesagt, ich solle aufpassen. Ich hatte mich oft gefragt, was mit mir falsch war, dass ich das nicht konnte.

Bei dem Programm lag der Schwerpunkt auf Medikamenten, und es galt als sehr wichtig, still sitzen und zuhören zu können. Es war immer ganz deutlich, wenn die Medikamente zu stark in die entgegengesetzte Richtung gingen, und die Kinder sich ganz auf das konzentrierten, was sie gerade machten, um alles andere um sich herum auszublenden; dann waren sie beispielsweise beim Ausmalen so konzentriert, dass die Farbstifte sich durch das Papier drückten. Wenn sie starke Dosen an Medikamenten bekamen, schien es, als verschwinde alles Leben aus ihnen. Ihr Funkeln war dann verschwunden.

Naomi hatte einige Vorschläge, die mit den Kindern funktionierten. Zum Beispiel sagte sie mir: „Wenn du das, was zu sagen ist, nicht in fünf oder weniger Wörtern sagen kannst, werden sie dich nicht hören." Das stimmte. Sobald es mehr Worte waren, wurden ihre Augen glasig. So hilfreich Naomis Vorschläge auch waren, reichten sie jedoch nicht aus, eine wirkliche oder dauerhafte Veränderung bei den Kindern zu bewirken. Was sie mir nicht sagte – und was damals keiner von uns wusste – ist, dass sich ihre Gedanken mit Lichtgeschwindigkeit bewegten. Wörter waren nicht ihre bevorzugte Form der Kommunikation, weil sie zu quälend langsam, umständlich und schwierig waren. Wenn ich es damals auch nicht wusste, ist mir heute klar, dass sie hauptsächlich energetisch kommunizierten.

Zwanzig Jahre später traf ich Gary Douglas, den Gründer von Access Consciousness. Er drückte das in Worten aus, was ich so lange insgeheim über diese Kinder gewusst hatte, mir aber nie eingestanden hatte anzuerkennen, da es allem widersprach, was damals für real und wahr gehalten wurde. Als er sagte, dass Kinder, bei denen ADS, ADHS, Zwangsstörung und/oder Autismus diagnostiziert worden war, wütend werden, wenn ihnen gesagt wird, sie sollen Wörter verwenden, weil Wörter sie so ungemein verlangsamen, überkam mich eine ungemeine Erleichterung. Erinnerungen an so viele verschiedene Kinder, die im Zentrum und später in meiner Privatpraxis Wutausbrüche gehabt hatten, kamen zurück. Ich erinnerte mich an den äußerst verächtlichen Ausdruck, der über ihr Gesicht huschte, wenn man ihnen sagte, sie sollten „ihre Wörter" benutzen, oder wenn jemand sagte: „Ich habe dich nicht gehört." Das ergab so viel Sinn für mich – weil diese Kinder tatsächlich anders kommunizieren.

Als Gary Fragen stellte wie: „Was wäre, wenn mit diesen Kindern nichts falsch wäre?" und „Was, wenn sie einfach anders sind?", dachte ich bei mir: „Endlich jemand, der es kapiert!" Was wäre, wenn Kinder mit all diesen Etiketten als das gesehen werden könnten, was sie sind – und nicht als das, was sie nicht sind? Was könnte das verändern?

Garys Kommentare inspirierten mich dazu, damit zu beginnen, Fragen zu stellen wie z. B.: „Was ist hier noch möglich, das wir nicht in Betracht ziehen?", anstatt: „Wie können wir diese Kinder dazu bringen, sich anzupassen?"

Was wäre, wenn anders einfach nur anders bedeutet – nicht richtig, nicht falsch – einfach nur *anders*? Diese Kinder sind nicht wie andere Leute. Sie haben keine Emotionen wie andere Leute. Sie denken anders. Sie verstehen nicht, warum die Leute so langsam sind und vorgeben, nicht zu wissen, was sie eigentlich *wissen*. Sie haben eine andere Sichtweise auf die Welt. Und was wäre, wenn sie tatsächlich besondere Talente und Fähigkeiten haben?

Vor Kurzem kam ein zehnjähriger Junge in meine Praxis, bei dem Zwangsstörung diagnostiziert worden war. Er fühlt sich so anders als die anderen Kinder und so *falsch*. Wir redeten entspannt und hatten Spaß. Dann bemerkte ich eine subtile Veränderung in seinem Körper. Er schaute mich an, dann das Telefon auf dem Schreibtisch hinter mir, dann wieder mich, und dann klingelte das Telefon. Ich hob die Augenbrauen und lächelte ihn an, und er lächelte zurück.

„Du wusstest, dass es klingeln würde, oder?", fragte ich ihn. Er kicherte. „Ja!"

„Prima!", antwortete ich.

Was wäre, wenn *wir* sehen könnten, was *sie* sehen, anstatt zu versuchen, *sie* dazu zu bringen zu sehen, was *wir* sehen? Welche Veränderung könnte das bewirken?

Was wird kreiert, wenn wir die Fähigkeiten, die diese Kinder haben, nicht anerkennen? Ich glaube, es bringt sie dazu, sich selbst als unsichtbar, unwürdig, wertlos, nicht gut genug, fehlerhaft, seltsam und falsch zu sehen. Was, wenn das der Schaden ist, den wir Kindern zufügen, die mit den Etiketten ADS, ADHS, Zwangsstörung und Autismus versehen wurden? Sie sehen die Welt nicht so wie wir, und wenn wir sie nicht durch ihre Augen sehen, bereitet ihnen das Schwierigkeiten. Wir müssen sehen, was sie sehen, anstatt zu versuchen, sie dazu zu bringen, die Dinge auf unsere Weise zu sehen.

~ 3 ~
WAS, WENN DEINE KINDER PERFEKT SIND?

Was, wenn deine Kinder perfekt sind – selbst wenn sie ADHS, Zwangsstörung, ADS, Autismus oder etwas anderes haben?

~ Dr. Dain Heer

Gary:

Dain und ich hatten die Gelegenheit, mit einigen Kindern zu arbeiten, denen diese sogenannten Behinderungen bescheinigt worden waren. Anfangs versuchten wir, diese Beschwerden aus der Ansicht heraus anzugehen, dass etwas falsch sei mit diesen Kindern, und versuchten herauszufinden, wie wir mit ihrer „Behinderung" umgehen könnten. Während wir aber mit einer Menge toller Kinder arbeiteten, erkannten wir, dass sie viele Fähigkeiten, Talente und Gaben haben, die von vielen Lehrern, Eltern und Menschen in der Medizin und Psychologie unerkannt blieben.

Die Leute neigen dazu, aus der Ansicht heraus zu funktionieren, etwas sei falsch mit diesen Kindern, weil sie nicht so lernen wie wir anderen. Die Realität sieht so aus, dass sie sich Dinge auf ganz andere Art aneignen, und wir müssen aktiv werden und herausfinden, wie sie lernen, und nicht etwa versuchen, sie zu unterrichten, indem wir Methoden verwenden, die vielleicht bei uns funktioniert haben, aber bei ihnen definitiv nicht funktionieren.

Wir würden gerne die Ansicht, dass sie Kinder „mit besonderen Bedürfnissen" sind, umdefinieren; denn eigentlich sind sie Kinder mit besonderen *Talenten*. Wir nennen sie X-Men, nach dem Superheldenteam von Marvel Comic, das aus Mutanten mit einem X-Gen besteht, die ihre Superkräfte und -fähigkeiten zum Wohl der Menschheit einsetzen. Für uns ist dies ein Kosewort. Die X-Men sind hier mit uns auf dem Planeten, um Aufmerksamkeit zu erregen. Sie sind eine Mutation, die eine Erweiterung der Spezies ist, werden jedoch angesehen, als seien sie eine Begrenzung. Wir glauben nicht, dass dies wahr ist.

Wir würden gerne die Fähigkeiten, die diese Kinder haben, freisetzen, denn wir nehmen wahr, dass sie, wenn man ihnen die Möglichkeit gibt, in der Lage sein könnten, viele der Dinge auf unserem Planeten abzuwenden, die sich in der Zukunft vielleicht zu Katastrophen entwickeln.

Wir bitten euch, eure Kinder nicht als falsch anzusehen, egal, welches Etikett man ihnen verpasst hat. Betrachtet eure Kinder nicht aus ihrem Falschsein heraus, sondern aus ihrem Richtigsein. Wenn ihr dies tut, könnt ihr eine vollkommen andere Welt für euch selbst, für sie und für alle anderen auf dem Planeten kreieren. Wir hoffen, ihr erkennt, dass ihr eine außergewöhnliche Gelegenheit habt, eine bewusstere Welt zu kreieren. Ihr könnt einen Raum kreieren, in dem die Leute anfangen, die Fähigkeit und Großartigkeit zu erkennen, die diese Kinder sind.

~ 4 ~
Eine Kultur der Frage kreieren

Der Zweck einer Frage besteht darin, Gewahrsein zu bringen.

~ Gary Douglas

Anne:

So viele Eltern, die zu mir kommen, fühlen sich völlig ratlos, wenn es darum geht, ihren Kindern zu helfen. Einige kaufen die Schlussfolgerung ab, mit ihrem Kind sei etwas „falsch". Viele von ihnen schließen von diesem „Falschsein" auf sich selbst. Sie glauben, irgendetwas falsch gemacht zu haben oder von Natur aus falsch zu sein. Wie hätten sie sonst so ein Kind bekommen können? Manche äußern Scham oder Schuldgefühle hinsichtlich ihrer vermeintlich mangelnden Fähigkeiten als Eltern. Und die meisten von ihnen versuchen, das alles zu verstehen, indem sie versuchen, die Antwort zu finden, die erklärt, warum ihr Kind so ist, wie es ist. Sie meinen, wenn sie doch nur verstehen könnten, wüssten sie, was zu tun sei.

Was wäre, wenn diese Kinder nicht ihre Etiketten sind? Anstatt irgendwelche der Etiketten abzukaufen, die diesen Kindern gegeben werden – was, wenn wir stattdessen Fragen stellen könnten? Lasst uns einen Moment über Fragen sprechen. Ich liebe die Beschreibung von Fragen, die Gary gibt: Eine Frage ist keine Aussage mit einem Fragezeichen am Ende. Eine Frage ist eine Frage. Im Gegensatz zu dem, was uns in der Schule beigebracht wird, ist der Zwecke einer Frage nicht, „die richtige Antwort zu finden". Der Zweck einer Frage besteht darin, Gewahrsein zu bringen.

Dain:

Die Frage ist der Schlüssel dazu, neue Türen zu Möglichkeiten zu öffnen.

Anne:

„Was möchtest du zum Abendessen?" Ist das eine Frage oder eine Aussage mit einem Fragezeichen am Ende? Es ist eine Aussage mit einem Fragezeichen am Ende, weil sie voraussetzt, a) dass derjenige Hunger hat, b) dass er vorhat zu essen, und c) dass, was er essen wird, in Form eines Abendessens sein wird.

„Hast du Hunger?" Das ist eine Frage. Sie öffnet die Tür zu Möglichkeiten.

Echte Fragen zu stellen, ist eines der großartigsten Werkzeuge von Access Consciousness. Ich merke, dass ich, wenn ich eine Frage stelle, sofort in der Lage bin, aus der Dichte jeder Schlussfolgerung oder Ansicht herauszutreten, die mich feststecken lässt, hinein in einen Raum von Möglichkeiten und Wahl.

Am Anfang des Schuljahres kam eine Mutter von sechsjährigen Zwillingen, einem Jungen und einem Mädchen, zu mir. Sie ist brillant, genau wie ihr Mann. Sie und ihre Tochter funktionieren im sozialen Umgang mit mehr Leichtigkeit als ihr Mann und ihr Sohn. Mutter und Tochter sind aufgeschlossener und redseliger; Vater und Sohn sind eher ruhig und, wie manche sagen würden, verschlossen.

Sie kam zu mir, weil ihr Sohn Probleme in der ersten Klasse hatte. Laut Berichten der Lehrkraft führte er sich auf, hatte Wutanfälle, konzentrierte sich nicht auf seine Arbeit und „isolierte" sich während der Pause von den anderen. Wenn der Junge nach der Schule nach Hause kam, war er schnell reizbar, zimperlich, streitlustig und quengelig, und seine Mutter wusste, dass es nur eine Frage der Zeit war, bis er einen Wutanfall haben würde. Sie wusste genau, wie anders ihr Sohn war, und obwohl sie insgeheim seine beachtlichen Talente und Fähigkeiten anerkannte, ertappte sie sich dabei, wie sie sich beim Schulpersonal für sein Verhalten entschuldigte. Sie konnte nur sehen, was nicht klappte, und die Schlussfolgerungen, zu denen sie gelangte, trieben sie in einen Zustand der Verzweiflung und Hoffnungslosigkeit. Sie sagte zu mir: „Es ist erst der erste Monat der ersten Klasse. Er hat noch zwölf Jahre Schule vor sich!"

Ich stellte ihr verschiedene Fragen:

- Was weißt du über deinen Sohn, das du nicht anerkennst?
- Was sind seine Stärken?
- Was braucht dein Sohn, um in der Schule Erfolg zu haben?
- Wenn er seine Erfahrungen in der Schule dieses Jahr gestalten könnten, wie sähe das aus?
- Was weiß er, wozu du keine Fragen stellst oder es nicht anerkennst?

Die Fragen ermöglichten ihr, über die Notwendigkeit hinauszugehen, Antworten zu finden, und in den Raum hineinzugehen, wo sie sich bewusst war, was sie über ihren Sohn, die Schule und sich selbst wusste. Als sie das Bedürfnis losließ, eine Antwort haben zu müssen, um irgendetwas an ihm zu rechtfertigen oder zu beweisen, war dies eine ungemeine Erleichterung. Sie erkannte, dass sie viel mehr über ihre Situation wusste, als sie sich selbst eingestanden hatte. Zum Beispiel erkannte sie, dass ihr Sohne schulisch viel besser war als alle seine Klassenkameraden und höchstwahrscheinlich zu Tode gelangweilt war. Sie konnte mit dem Kollegium an der Schule sprechen, und gemeinsam entwarfen sie ein Programm für ihren Sohn. Der Junge wurde in die zweite Klasse versetzt und bekam in vielen Fächern herausfordernde Aufgaben aus sogar noch höheren Klassenstufen. Seine Wutausbrüche und Anfälle nahmen deutlich ab.

Sie hörte auch auf, sich Sorgen darüber zu machen, dass er sich während der Pausen „absonderte", und erkannte an, dass es ihm wahrscheinlich guttat, ein wenig Zeit für sich zu haben. Sie erkannte an, dass er weniger sozial war als seine Schwester – und das war okay. So sah sie, wie genial es von ihm war, etwas Zeit für sich dafür zu nutzen, die Überreizung und Eindrücke durch die Schule in den Pausen in den Griff zu bekommen.

Indem sie aus der Welt der Bewertungen und richtigen oder falschen Antworten hinaustrat, kreierte sie eine Kultur der Fragen in Bezug auf die Erlebnisse ihres Sohnes an der Schule, was allen Beteiligten ermöglichte, die Möglichkeiten und anderen Wahlen zu sehen, die mit dem Gewahrsein einhergehen.

WERKZEUG: WAS IST DAS?

Hier sind vier wunderbare Fragen für jede Gelegenheit, die ich von Gary gelernt habe und die alle Eltern verwenden können:

- Was ist das?
- Was kann ich damit tun?
- Kann ich es verändern?
- Wie kann ich es verändern?

Die Mutter zweier Jungen, fünf und drei Jahre alt, erzählte mir, sie wüsste einfach nicht, wie sie mit ihrem Fünfjährigen umgehen solle. Obwohl kein ADHS bei ihm diagnostiziert worden war, glaubte sie, dass er viele dieser Symptome aufwies. Er war impulsiv und leicht erregbar, und Kinder seines Alters mochten ihn nicht gerne, weil er so schnell in die Luft ging.

Sie erzählte, wie sie ihn vor Kurzem von seiner Vorschule abgeholt und dann zum Fußballtraining gebracht hatte. Danach machte sie einige Besorgungen mit ihm und seinem Bruder. Erst gingen sie zur Bank und dann in ein Lebensmittelgeschäft. Als sie das Geschäft verließen, begann es stark zu regnen, und obwohl sie rannten, waren sie pitschnass, als sie zum Auto kamen. Sie hatte ein Handtuch, und während sie den dreijährigen Sohn abtrocknete, kicherten sie gemeinsam. Als sie dann anfing, ihren fünfjährigen Sohn abzutrocknen, begann er sie anzuschreien. „Neeeiiin! Niiiiiiicht! Ich will das Handtuch nicht!"

Ich fragte sie: „Hat er darum gebeten, abgetrocknet zu werden?"

„Nein", antwortete sie, „aber er war tropfnass!"

In einer der vorangegangenen Sitzungen hatte ich ihr diese vier Fragen vorgestellt. Ich sagte: „Was wäre, wenn du dich selbst fragtest: ‚Was ist das? Was kann ich damit tun? Kann ich es ändern? Wie kann ich es ändern?' Beginne mit: ‚Was ist das?' Wenn du das fragst, was kommt als Antwort?"

„Ich weiß nicht! Ich habe nur versucht, ihm behilflich zu sein. Er hat so übertrieben reagiert! Wenn er so ist, weiß ich nicht, was ich tun soll."

Ich fragte: „Was, wenn es nichts damit zu tun hätte, dass er nass war? Was, wenn du das falsche Handtuch benutzt hast?" Ich wiederholte: „Was war das?"

Sie sagte: „Er wird einfach so sauer auf mich!"

Ich fragte: „Worüber ist er wütend, abgesehen davon, dass er mit dem Handtuch abgetrocknet wird?"

„Nun, ich nehme an, er war müde und hatte Hunger." Ich fragte: „Hat er Auszeiten?"

Sie meinte: „Naja, ich versuche, alles zu erledigen. Ich bin schon eine Perfektionistin. Ich möchte, dass alles richtig ist."

„Also, was kannst du mit dieser Information anfangen – dass er müde und hungrig ist und du den Plan hast, alles zu erledigen?"

Sie hielt kurz inne, bevor sie antwortete: „Ich merke, dass ich ihn ganz schön dränge, um mit mir Schritt zu halten."

Ich fragte: „Kannst du das ändern? Wie kannst du das ändern?"

Sie meinte: „Nun, ich könnte versuchen, nicht so viele Sachen einzuplanen. Ich könnte ihn nach Hause bringen und sich erholen lassen. Wahrscheinlich ist Vorschule, dann Fußball und dann Besorgungen zu viel."

Ich fragte sie: „Spielst du mit ihm?"

MARCUS

Eine Freundin von mir, die als Sprachtherapeutin im öffentlichen Schulsystem arbeitet, erzählt diese Geschichte über einen ihrer Schüler:

Marcus war zehn Jahre alt. Man hatte Kinderlähmung bei ihm festgestellt, und er war, seit er klein war, in einem Rollstuhl gewesen. Er war nie gelaufen und hatte nie gesprochen. Er war ein fröhlicher kleiner Junge, der, anstatt sich zu bewegen und zu sprechen, über Mimik mit ihr kommunizierte. Sie erzählte mir, dass seine Freude und sein komplettes Fehlen an Trauer über seinen Zustand sie dazu brachten, die Frage zu stellen: „Was, wenn dieses Leiden keine Tragödie wäre?" Dann stellte sie andere Fragen wie: „Was wäre, wenn heute mein Ziel wäre, so viel Freude und Möglichkeit in seinem Universum zu kreieren, wie generiert werden kann? Was wäre, wenn das meine Priorität würde, anstatt zu versuchen, ihn dazu zu bringen, wie all die anderen Kinder zu funktionieren?"

Sie erzählte, dass, sobald sie begann, Fragen zu stellen und ihre Ansichten loszulassen, dass es falsch sei, wenn ein Kind solche Schwierigkeiten hätte wie Marcus, sich Möglichkeiten für ihn zu zeigen begannen, die sie zuvor nicht gesehen hatte. Ihre Interaktionen wurden spielerisch und spaßig, und er begann, seine Zeit mit ihr noch mehr zu genießen.

Eines Tages sagte sie zu ihm: „Wir werden eine Möglichkeit finden, damit du sprechen kannst." Sie begann, Geräte für unterstützte Kommunikation zu verwenden, die Menschen helfen, die mit gesprochener und geschriebener Sprache Probleme haben. Sie meinte, nach dem, was sie in ihrer Ausbildung gelernt hatte, hätte Marcus, da er Kinderlähmung hatte, nicht in der Lage sein sollen, zu sprechen oder zu verstehen, was sie sagte. Dennoch beschrieb sie, dass er mit der Zeit begann, Dinge auszusprechen und Geräusche zu machen.

Dann, eines Tages, als sie an der Tafel eine Unterrichtsstunde über Farben gab, fragte sie: „Welche Farbe ist das?"

Sie erzählt: „Irgendwo hinter mir hörte ich das Wort „grün". Ich drehte mich um und sah Marcus hinten im Klassenzimmer lächeln. Er hatte es geschafft! Nicht nur, dass er das Wort „grün" ausgesprochen hatte. Grün war die richtige Antwort!"

„Nicht oft. Ich bin meistens ziemlich beschäftigt." „Könntest du irgendetwas verändern?"

Sie lachte. „Ich denke schon!"

In der darauffolgenden Woche sprach ich mit ihr. Sie erzählte mir, dass sie ihren Zeitplan umgestellt hatte, sodass ihr Sohn mehr „Freizeit" hatte, und sie sorgte dafür, dass sie jeden Tag mit ihm spielte, auch wenn es nur kurz war. Sie meinte, die Situation in ihrem Haus sei nun viel entspannter; er sei glücklicher und sie fühle sich weniger getrieben, „Dinge zu erledigen".

Alles nur, weil sie ein paar Fragen gestellt hatte.

~ 5 ~
WIR SIND ALLE UNENDLICHE WESEN - ALSO AUCH DEINE KINDER

Es ist wichtig anzuerkennen, was Kinder wissen und wessen sie sich gewahr sind, selbst wenn sie sehr jung sind. Sie sind unendliche Wesen, auch wenn ihr Körper klein ist.
~ Gary Douglas

Gary:

Lasst uns damit beginnen, dass wir darüber sprechen, dass wir alle unendliche Wesen sind. Jeder von uns ist ein unendliches Wesen, und als unendliches Wesen haben wir die unendliche Fähigkeit, alles wahrzunehmen, alles zu wissen, alles zu sein und alles zu empfangen. Wir können in allen Lebensbereichen aus totalem Gewahrsein und totalem Bewusstsein heraus funktionieren – wenn wir das wählen.

Eines der größten Geschenke, das du dir selbst machen kannst, besteht darin, anzuerkennen, dass du in deinem Kind einen kleinen Körper und ein unendliches Wesen hast. Dieses Wesen, dein Kind, weiß Dinge, nimmt Dinge wahr und empfängt Dinge. Du musst das anerkennen und darfst nicht von der Perspektive ausgehen, du seist überlegen, weil du erwachsen bist. Deine Kinder sind auch unendliche Wesen, und auch wenn ihr Körper kleiner ist als deiner, bedeutet das nicht, dass sie kleiner sind als du.

Anne:

Genau! Einige der Fragen, die ich Eltern stelle, lauten:

- Was wäre, wenn Kinder mehr wissen, als du denkst?
- Was wäre, wenn du sie fragen würdest, was sie wissen – und welcher Beitrag sie für dich sein könnten?

Häufig bringen Eltern ihre Säuglinge und/oder Kleinkinder mit zu Sitzungen, wenn sie kommen, um über ältere Geschwister zu sprechen. Oder Paare kommen zu mir, weil ihre Ehe nicht so funktioniert, wie sie es gerne hätten, und sie bringen einen Säugling oder ein Kleinkind mit. Es ist erstaunlich zu sehen, was die Kinder „wissen" und welcher Beitrag sie in der Sitzung sind.

Vor Kurzem kam ein Paar zum ersten Mal zu mir. Sie wollten über ihre Ehe sprechen und brachten ihren Sohn mit, der elf Monate alt ist. Er saß auf dem Schoß seiner Mutter und starrte mich eine Weile an, bevor er sich auf den Boden traute, um das Spielzeug zu inspizieren. Im Laufe der Sitzung schaute er mich weiter an und kam meinem Stuhl immer näher und näher. Schließlich war er so nahe, dass er sich gegen meine Beine lehnte. Als es dann zu einem besonders hitzigen Moment zwischen seinen Eltern kam, drehte er sich um und versuchte, auf meinen Schoß zu klettern. Ich nahm ihn hoch, und er saß dort, beobachtete seine Eltern und drehte sich leicht zu mir, um mein Gesicht sehen zu können. Es war, als ob er seinen Eltern sagen würde: „Ihr müsst da nicht stecken bleiben. Ihr könnt es loslassen!" Als seine Eltern begannen, über den Punkt hinwegzukommen, wo sie sich bekämpften, bedeutete er mir, dass er bereit war, wieder nach unten zu gehen und auf dem Boden zu spielen, was er tat, während er sich gleichzeitig ständig gewahr war, was vor sich ging. Er ging immer wieder zu ihnen hinüber, stand direkt neben ihren Beinen und schaute sie an. Er wollte keine Aufmerksamkeit; er war einfach nur präsent mit ihnen, während sie an ihren „Themen" arbeiteten.

Er war so präsent und sich der Turbulenzen so gewahr, die seine Eltern bisher kreiert hatten, wie auch der Veränderung, die eintrat, als sie wählten, in einem anderen Raum zu sein. Er war ein großartiger Beitrag für seine Eltern, ob sie es anerkannten oder nicht. Kleiner Körper? Ja, auf jeden Fall. Er lernt gerade laufen, er spricht noch nicht mit Worten, seine Koordination ist unbeholfen, und doch hindert ihn nichts davon daran, ganz *genau* zu wissen, was vor sich geht.

Gary:

So oft nehmen Erwachsene an, Kinder seien, weil sie klein sind oder kleine Körper haben, nicht gewahr oder unintelligent und müssen kleiner gemacht und kontrolliert werden, und man muss ihnen sagen, was sie tun sollen. Die Leute sehen sie als zu klein oder unfähig an, um zu verstehen, was vor sich geht, oder sie erfinden Regeln, was sie tun dürfen und was nicht – ohne Rücksicht auf das unendliche Wesen vor ihnen. Dies ist möglicherweise Teil dessen, was wir bei autistischen Kindern und der Wut beobachten können, die von ihnen ausgeht, wenn ihre unendliche Fähigkeit, wahrzunehmen, zu wissen, zu sein und zu empfangen, nicht anerkannt wird.

Anne:

Es macht sie rasend, wenn man herablassend mit ihnen spricht oder sie bevormundet. Wenn Eltern oder Erwachsene oder ältere Geschwister sich in eine überlegene Position gegenüber Kindern begeben, die wir als X-Men bezeichnen, neigen sie dazu, wütend zu werden. Was, wenn sie sich nicht als unterlegen ansehen? Autistische Kinder nehmen so viel wahr und können extrem frustriert werden, wenn sie Schwierigkeiten damit haben, den

Menschen in ihrer Umgebung diese Informationen mitzuteilen. Sie nehmen Information tatsächlich anders auf, und wenn andere Leute sie bewerten oder auf sie herabschauen, gefällt ihnen das nicht!

Eine tolle Frage, die ich bei Dain gehört habe und nun Eltern und Kinder stelle, lautet:

- Was weißt du, dass du vorgibst, nicht zu wissen, oder leugnest zu wissen, das, wenn du es anerkennen würdest, alles verändern würde?

Diese Frage umgeht das logisch denkende Gehirn und geht direkt zu der Energie dessen, was auch immer bewirkt, dass man feststeckt. Sie schafft ein Gewahrsein dessen, was wirklich vor sich geht. Und das ist eine Frage, die man Babys und Kindern genauso wie älteren Kindern und Erwachsenen stellen kann. Sie erfordert keine verbale Antwort, obwohl es manchmal eine gibt. Es ist erstaunlich zu sehen, welche Veränderungen eintreten können, wenn man diese Frage stellt.

Ein genialer neunjähriger Junge, bei dem ADHS diagnostiziert worden war und dem man auch leichten Autismus zuschreiben konnte, hatte Probleme in der Schule. Er und seine Mutter befanden sich im Kriegszustand mit Eltern, Schulpersonal und seinen Altersgenossen – es war ein Kampf um Kontrolle. Als ich ihn fragte: „Was weißt du, dass du vorgibst, nicht zu wissen, oder leugnest zu wissen, das, wenn du es anerkennen könntest, alles verändern würde?", verdrehte er seine Augen himmelwärts und sagte: „Das ist die blödeste Frage, die ich je gehört habe!" Anschließend fing er an, mir eine halbe Stunde zu erzählen, wie die Schule funktionierte und wie bestimmte Lehrer und Schulleiter in der Schule vorgingen. Er erkannte auch an, dass er andere Wahlen treffen könnte, anstatt mit ihnen im Clinch zu liegen …, wenn er es wählen würde. Die Frage schenkte ihm das Gewahrsein, das er brauchte, um damit anzufangen, die Art zu ändern, wie er auf die Schule und seine Lehrer zuging. Und als wir seiner Mutter erzählten, was er mir gesagt hatte, wirkte das Gewahrsein ihres Sohnes auch befreiend auf sie, sodass sie in der Lage war, der Schule auf eine beitragende und nicht auf eine konfrontative Weise zu begegnen – was genau war, wo sie vorher nicht weitergekommen war.

Unendliche Wesen funktionieren aus dem Raum des Gewahrseins heraus. Wenn du aufhörst, nach Antworten über und für diese Kinder zu suchen, und stattdessen ein größeres Gewahrsein darüber anstrebst, was sie wissen und wirklich brauchen, ist Veränderung möglich. Das bedeutet nicht, dass du als Erwachsener nichts weißt. Natürlich tust du das. Was ich sagen möchte, ist, dass du die Energie einer Situation verändern und ein vollkommen anderes Ergebnis einladen kannst, wenn du fragst: „Welcher Beitrag kann ich für mein Kind sein?" Hat das nicht eine andere Energie, als deinem Kind Vorschriften zu machen oder zu versuchen, es zu kontrollieren? Und was, wenn du auch fragen könntest: „Welchen Beitrag könnte ich von meinem Kind empfangen?" Vielleicht bist du wie die Eltern des Kleinkinds in meiner Praxis, die den Beitrag ihres Kindes empfangen konnten, wenn sie sich vielleicht auch nicht bewusst waren, dass sie das taten.

Gary:

Das Allerwichtigste, was du als Elternteil oder Lehrer tun kannst, um Kinder dabei zu unterstützen, Zugang zu ihren Talenten und Fähigkeiten zu bekommen, ist, anzuerkennen, dass Kinder – alle Kinder – unendliche Wesen mit einer unendlichen Fähigkeit sind, alles wahrzunehmen, zu wissen, zu sein und zu empfangen. Dies gilt ganz besonders für Kinder mit Autismus, Zwangsstörung, ADS, ADHS und all den anderen Etiketten – weil sie besondere Gaben haben.

Anne:

Ein Fehler, den die Leute begehen, ist anzunehmen, dass Kinder, nur, weil sie klein sind, nichts wissen oder nicht gewahr sind.

Eine Großmutter brachte ihre vierjährige Enkelin zu mir. Das Mädchen war in der Vorschule schnell aufgewühlt und hatte nachts Alpträume. Sie schlief im riesigen Bett ihrer Großmutter, vollkommen an sie geklammert.

Die Mutter des Mädchens war brutal von einem Freund ermordet worden, und die Großmutter hatte nicht gewollt, dass ihre Enkelin von dem Verbrechen wusste, weil es so grauenvoll gewesen war und das Mädchen so klein. Sie erzählte dem Mädchen, die Mutter sei krank geworden und die Ärzte hätten versucht, sie zu retten, hätten sie aber nicht mehr heilen können.

Nachdem das Mädchen einige Monate bei mir in Spieltherapie gewesen war, erzählte mir die Großmutter, dass sie ihr Fragen darüber stellte, wir ihre Mutter gestorben sei. „Sie sagt mir, die Kinder in der Schule wollen wissen, wie ihre Mama gestorben ist. Ich weiß nicht, was ich ihr sagen soll. Ich kann ihr nicht erzählen, was geschehen ist."

Ich fragte sie: „Was wäre, wenn du sie fragst, was sie weiß?" Die Großmutter weigerte sich zunächst und beharrte darauf, dass der Mord so furchtbar gewesen sei und ihre Enkelin zu klein.

Das Mädchen blieb hartnäckig und eines Tages fragte die Großmutter sie doch: „Was weißt du darüber, wie Mama gestorben ist?"

In der Sprache einer Vierjährigen beschrieb das Mädchen *ganz genau* und sehr detailliert, wie ihre Mutter ermordet worden war.

Die Großmutter war erschüttert. „Woher wusstest du das?", fragte sie.

„Oma, er hat mir und Mama und dem Hund gesagt, dass er uns das antun würde." Dann wiederholte sie die Drohungen des Mörders.

Die Großmutter sagte zu ihr: „Was wer getan hat, war *sehr* schlimm, und er wird für den Rest seines Lebens im Gefängnis eingesperrt sein. Der Richter sagt, er kann nie rauskommen. Er kann nie kommen und dir wehtun."

In dieser Nacht schlief das Mädchen zum ersten Mal seit dem Tod ihrer Mutter auf ihrer Seite des Bettes, und nach einigen Tagen schlief sie wieder in ihrem eigenen Zimmer.

All das, indem sie anerkannte, dass ihre Enkelin ein unendliches Wesen war und kein Kind, das zu jung ist, um irgendetwas zu wissen – und dann die einfache Frage stellte: „Was weißt du?"

~ 6 ~
WAS EIN WOLF UNS DARÜBER ZEIGTE, WIE KINDER MIT AUTISMUS KOMMUNIZIEREN

Wenn du verstehst, wie Kinder mit Autismus kommunizieren, kann deine Kommunikation mit ihnen einen Ort erreichen, der dir – und ihnen – viel mehr Leichtigkeit erlaubt.

~ Dr. Dain Heer

Gary:

Ich habe viel mit Tieren gearbeitet, vor allem mit Pferden, aber auch mit Hunden und anderen Vierbeinern, weil Tiere mit mir sprechen.

Eines Tages rief mich eine Dame an und sagte: „Ich habe ein Problem mit meinem Wolf. Ich bereite mich auf eine Reise vor, und er ist sehr ängstlich geworden. Ich versuche immer, ihn zu beruhigen. Ich sage ihm, dass alles gut werden wird und ich zurückkomme, aber er ist von Tag zu Tag mehr außer sich."

Ich meinte: „Ich schaue, ob ich mit ihm arbeiten kann."

Ich ging zu der Ranch und fragte: „Was ist los, Herr Wolf?", und er gab mir unglaublich viele Informationen.

Ich sagte: „Langsamer. Ich kann das nicht verstehen. Das ist zu schnell für mich."

Er wurde langsamer, und ich begann, seine Bilder zu sehen. Er ließ mich wissen, dass die Dame ihm gesagt hatte, dass sie weggehen und zurückkommen würde und er sich keine Sorgen machen solle.

Ich fragte ihn: „Was bedeutet das für dich?", und er zeigte mir, wie sie starb. Er dachte, sie erzähle ihm, sie werde sterben und in einem anderen Körper zurückkommen, weil das vorher schon geschehen war. Sie war gestorben, alle Wölfe hatten um sie getrauert, und später kam sie in einem anderen Körper wieder.

Dies war der erste Wolf, mit dem ich jemals gearbeitet hatte, und ich war überrascht über seine Fähigkeit, Informationen zu übertragen. Ich wusste nicht, dass dies eine Fähigkeit ist, die Wölfe haben. Ich dachte, er habe eher eine hundeähnliche Realität.

Ich versicherte ihm, dass die Dame nicht sterben würde; dass sie nur zwei Wochen wegfahren und dann wiederkommen würde. Unsere Unterhaltung beruhigte ihn. Er hörte auf, auf und ab zu laufen und der Frau überallhin zu folgen. Er fing wieder an zu fressen und nahm seine normalen Schlafgewohnheiten wieder auf. Die Frau konnte ihre Reise unternehmen, ohne sich Sorgen um ihn machen zu müssen.

Einige Wochen, nachdem ich mit dem Wolf gearbeitet hatte, bat mich Dain um Unterstützung bei der Arbeit mit einer Dame und ihrem autistischen Sohn.

Dain:

Eine Frau rief an und fragte: „Könntest du mit mir und meinem vierjährigen Sohn Nicolas arbeiten?"

Ich sagte: „Sicher, kein Problem. Was ist los?"

Sie sagte: „Er ist autistisch. Er hat einen Wortschatz von nur vierzig Wörtern." Ich sagte: „Das ist etwas Neues für mich. Lass uns sehen, was sich zeigt."

Dann fragte ich Gary: „Kannst du kommen und mit uns arbeiten?", und er sagte: „Ja."

Während er mit Nicolas arbeitete, erkannte Gary, dass er ihm Informationen übertrug, genau wie der Wolf. Es war eine augenblickliche Übertragung, als würde man einen ganzen Film im Bruchteil einer Sekunde abspielen. Nicolas übertrug ihm den Film auf einmal. Nicht Einstellung eins, Einstellung zwei, Einstellung drei und so weiter. Für jemanden, der autistisch ist, wäre das sehr mühsam.

Gary:

Wir arbeiteten etwa eine Stunde mit Nicolas. Er lernte ein neues Wort, und wir lernten unglaublich viel über autistische Kinder. Eine der Sachen, die wir entdeckten, war, dass autistische Kinder keine Trennung haben zwischen Vergangenheit, Gegenwart und Zukunft. Für sie ist alles hier und jetzt.

Irgendwann sagte Nicolas' Mutter zu uns: „Ich glaube, mein Sohn ist einer meiner Großeltern."

Ich fragte: „Wirklich, welcher denn?"

Sie sagte: „Ich glaube, er ist mein Großvater."

Ich fragte: „Wie hieß dein Großvater?" Sie sagte: „Bill."

Ich drehte mich zu Nicolas um. Er war zum Fenster gedreht und blickte Richtung Horizont. Ich sagte: „Bill", und er drehte sich augenblicklich um und schaute mir direkt in die Augen. Für diejenigen von euch, die vielleicht nicht so viel über autistische

Kinder wissen – sie stellen nicht gerne Augenkontakt her. Es ist schwierig für sie und passiert selten.

Dain:

In der ganzen Zeit, die wir mit Nicolas und seiner Mutter verbrachten, hatten wir oft seinen Namen genannt, aber er hatte nie darauf reagiert. Es war sehr interessant zu sehen, wie er auf den Namen *Bill* reagierte. Auch war es sehr interessant zu sehen, wie Nicolas lernte, das Wort *springen* zu sagen.

Gary:

Nicolas kletterte immer wieder auf einen Hocker und sprang herunter, und weil mir klar war, dass er telepathisch kommunizierte, wollte ich ausprobieren, ob es ihm helfen könnte, das Wort zu lernen, wenn ich ihm das Bild vom Springen übermitteln und gleichzeitig das Wort *springen* sagen würde.

Nachdem ich das ein paar Mal gemacht hatte, sagte er: „Springen".

Als wir fertig waren, ging Nicolas zur Tür und begann, gegen die Klinke zu hämmern. Seine Mutter wiederholte immer wieder: „Nicolas, komm hierher, zieh deine Schuhe an, los. Zieh deine Schuhe an, zieh deine Schuhe an."

Ich erinnerte mich an das, was ich von dem Wolf gelernt hatte und sagte zu ihr: „Er kapiert die einzelnen Schritte nicht, wenn du sie ihm so aufteilst. Du musst ihm das gesamte Bild geben, wie er von der Tür weggeht, zu dir herüberkommt, sich hinsetzt, seine Schuhe anzieht, dich sie zuschnüren lässt, deine Hand nimmt und ihr beide durch die Tür geht."

Sie fragte: „Wie mache ich das?"

Ich sagte: „Es gibt kein *Wie*. Tu es einfach."

Das tat sie, und Nicolas ging sofort von der Tür weg, kam zu ihr herüber und setzte sich hin. Sie zog ihm die Schuhe an und band sie zu. Er nahm ihre Hand und führte sie zur Tür.

Dain:

Es war, als ob man einen ganzen Film auf einmal abspielt und sagte: „Dann mal los. Hier ist der ganze Film."

Gary:

Dies ist die Art, wie diese Kinder kommunizieren. Sie sind übersinnlich oder telepathisch oder wie immer man es auch nennen möchte. Sie bekommen das ganze Bild auf einmal – aber anstatt uns dessen gewahr zu sein, wie ihre Welt funktioniert, versuchen wir immer weiter, sie langsamer zu machen und dazu zu bringen, in unserer Schritt-für-Schritt-Welt zu funktionieren.

Dain:

Ich rief Nicolas' Mutter etwa zwei Monate, nachdem wir mit Nicolas gearbeitet hatten, an, um zu fragen, wie es ihnen ging. Sie sagte: „Nun, uns ging es prima, aber in den letzten zehn Tagen ging es Nicolas immer schlechter. Ich weiß nicht, was los ist! Er hat angefangen, fast alle Symptome von Autismus aufzuweisen."

Ich fragte: „Was ist los? Was hat sich verändert?" Sie sagte: „Ich weiß es nicht."

Ich fragte: „Hast du irgendetwas anders gemacht?"

Sie sagte: „Naja, in den letzten zehn Tagen oder so habe ich die Symptome von Autismus im Internet recherchiert."

Ich sagte: „Erinnerst du dich, dass wir dir gesagt haben, wie übersinnlich und gewahr Nicolas ist? Und dass er keine

Vergangenheit, Gegenwart und Zukunft hat? Er besteht nur aus Gewahrsein. Er ist bereit, alles aus deinem Kopf aufzuschnappen. Du informierst dich über die Symptome von Autismus, und er holt sich das aus deinem Kopf und manifestiert es. Kannst du mir einen Gefallen tun und heute damit aufhören?"

Sie sagte: „Aber ich muss diese Recherche machen."

Ich sagte: „Nein, das musst du nicht. Du musst bei deinem Kind sein, und du musst aufhören, ihn durcheinanderzubringen mit dem, was in deinem Kopf vorgeht."

Sie meinte: „Okay, ich werde es versuchen."

Als ich mich später wieder bei ihr meldete, war alles wieder normal. Sie hörte auf, Autismus im Internet zu recherchieren, nur um zu sehen, was passieren würde, und Nicolas hörte auf, all die Symptome vorzuweisen, über die sie gelesen hatte.

Gary:

Einige Monate später gaben wir einen X-Men-Kurs in Houston, und sie brachte Nicolas mit. Ich fragte sie: „Wie geht es Nicolas auf dem Spielplatz?"

Sie sagte: „Oh, es gibt keine Probleme auf dem Spielplatz. Er spielt mit anderen Kindern."

Ich fragte: „Wirklich? Spricht er mit ihnen?"

Sie sagte: „Nein, aber sie scheinen zu tun, was auch immer er möchte. Er ist immer der Anführer."

Dain:

Er kommuniziert einfach in Bildern mit den anderen Kindern, und sie haben keine Barrieren gegenüber dieser Art der Kommunikation.

Gary:

Die Mutter eines anderen autistischen Jungen, mit dem wir gearbeitet haben, erzählt etwas Ähnliches. Ich fragte sie, ob sie andere Kinder habe, und sie sagte: ja, noch einen Jungen und ein Mädchen. Ich fragte, wie es dem autistischen Jungen mit seinem Bruder erging.

Sie sagte: „Oh, er ist ganz toll mit seinem Bruder. Sie spielen ganz toll zusammen." Ich fragte: „Bist du dir bewusst, dass sie telepathisch kommunizieren?" Sie sagte: „Was meinst du?"

Ich fragte: „Hörst du sie sprechen?"

Sie sagte: „Nein, nie." Es war ihr nicht aufgefallen, dass die beiden Jungs spielten, ohne je zu sprechen. Sie kommunizierten telepathisch. Dazu sind diese Kinder in der Lage.

Ich möchte darauf wetten, dass du, wenn du ein autistisches Kind hast, telepathisch mit ihm kommuniziert und es noch nicht einmal bemerkt hast. Es setzt dir Sachen in den Kopf. Es sagt zum Beispiel: „Geh", und du sagst: „Ich gehe jetzt." Oder es sagt: „Ich habe Hunger", und du fragst es: „Was möchtest du essen?" Viele Kinder machen es so, bevor sie sprechen lernen.

Eine Dame in Australien brachte ihren autistischen Neffen und seine Mutter zu mir, im Haus meiner Freundin Simone. Wir standen in der Küche, und ich versuchte, mich in den Kopf des Jungen einzuschalten, um zu sehen, wie es ihm ging. Plötzlich fragte seine Mutter Simone: „Hast du Saft?"

Simone sagte: „Ja, da ist welcher im Kühlschrank. Nimm dir einfach."

Die Frau ging rüber zum Kühlschrank und fragte ihren Sohn: „Billy, hättest du gerne Saft?"

Ich sagte: „Moment mal. Ist dir klar, dass er vor dem Kühlschrank steht und weiß, was drin ist? Er hat dir in den Kopf gesetzt, dass du Saft für ihn holst, und jetzt fragst du ihn, ob er welchen möchte. Du musst dir das klarmachen. Dieser Junge kommuniziert telepathisch mit dir."

Die Mutter nickte und lächelte. Sobald ich ihr das sagte, wusste sie, dass es wahr war.

Dain:

Deine Kinder übermitteln dir gedanklich eine Frage und du beantwortest sie – und du merkst noch nicht einmal, dass dein Kind nicht gesprochen hat. Wenn du beschließt, dass die einzige Art, mit deinem Kind zu kommunizieren, ist, wenn es lernt zu sprechen, wirst du nicht in der Lage sein zu sehen, dass dir eine ganze Welt der Kommunikation zur Verfügung steht. Du musst anfangen, aufmerksam zu sein, wenn Kinder dir Dinge gedanklich übermitteln, und auf die Info achten, die ankommt – denn auch wenn du es vielleicht noch nicht weißt, kannst du mit ihnen kommunizieren. Du hast dieselben Fähigkeiten wie sie.

~ 7 ~
IN BILDERN KOMMUNIZIEREN

Hast du schon einmal die Erfahrung gemacht, dass du etwas befürchtest hast – zu einem Meeting zu gehen, alle rechtzeitig aus dem Haus zu bekommen oder die Kinder ins Bett zu bringen – und es erwies sich als genau so schwierig, wie du schon wusstest, dass es sein würde? Was wäre, wenn du und alle anderen, die daran beteiligt waren, einander die Bilder geschickt und diese Situation kreiert haben?
~ Anne Maxwell

Anne:

Viele Eltern, mit denen ich gearbeitet habe, meinten, dass der Morgen schwierig ist. Die Mutter eines siebenjährigen Mädchens, bei dem leichter Autismus festgestellt worden war, erzählte mir, dass ab dem Moment, an dem morgens der Wecker klingelt, eine Energie des Grauens sie und den gesamten Haushalt erfasst, und erwartungsgemäß waren die Morgen üblicherweise schwierig, mit Wutausbrüchen, Aufregung, Zorn, Drama, und nichts klappte. Sie erzählte mir, dass sie die Aufgaben herunterbrach, wie man ihr geraten hatte, und ihrer Tochter erst eine Aufgabe gab, und wenn das erledigt war, etwas anderes. Doch sie erkannte, dass das nicht funktionierte – bis zu dem Punkt, dass nichts erledigt war, noch nicht einmal die erste Aufgabe. Und alle in der Familie regten sich auf.

Wir redeten darüber, ihrer Tochter Bilder zu schicken, anstatt die Aufgaben in Worten für sie herunterzubrechen. Ich bat sie, sich an einen Morgen zu erinnern, der glatt gelaufen war, und in die Energie davon zu gehen, wie dieser Morgen gewesen war. Dann bat ich sie, ihrer Tochter und den anderen Kindern und ihrem Ehemann ein „Bild" von der Energie zu schicken, wenn alles friedlich und mit Leichtigkeit erledigt wird. Das tat sie, und sie meinte, dass sich die Morgen fast augenblicklich änderten.

Wochen später rief sie mich an, um sich bei mir zu bedanken und mich wissen zu lassen, dass sie ihrer Tochter Bilder schickte, ob sie in der Nähe war oder nicht, und dass es „ziemlich gut" klappte, ihr Bilder aus der Ferne zu schicken. Sie meinte, ihre Tochter bekäme nun morgens viel mehr getan, und dass die Morgen, und auch der Rest des Tages, nun so viel leichter seien. Sie erzählte mir, dass sie ihrer Tochter jetzt nichts mehr sagt, sie nicht daran erinnerte oder meckert, damit sie Dinge erledigt, und das bringe sehr viel mehr Leichtigkeit zwischen ihnen.

Gary:

Manchmal kommunizierst du in Bildern, ohne es überhaupt zu merken, nur, weil du die Absicht hast, dass dein Kind dich versteht. Ich sprach mit einer Mutter in Australien, die sagte: „Als meine Tochter, die autistisch ist, jünger war, machte alles Neue sie sehr ängstlich. Wenn wir etwas anderes tun wollten, mussten wir ihr das erklären. Und wie alle Erwachsenen wissen, ist es manchmal sehr schwierig, einem kleinen Kind etwas Neues zu erklären. Ich sagte zum Beispiel: ‚Wir müssen nach Perth fahren.' Sie fragte dann: ‚Was ist Perth?', und so ging es immer weiter. Ich glaube, dass ich, ohne es zu wissen, begann, ihr das in Bildern zu vermitteln, denn mitten in der Unterhaltung sagte sie: ‚Oh ja, ich erinnere mich. Es ist okay.'"

Anne:

Eine Mutter erzählte mir, dass sie ihrem Sohn Bilder schickte, wie er sie umarmt, wenn sie abends nach Hause kam – und er tat es. Eine andere Mutter erzählte mir, dass sie ihrer Teenager-Tochter Bilder davon schickte, ein sauberes, aufgeräumtes Zimmer zu haben, und siehe da, ihre Tochter räumte an diesem Wochenende ihr Zimmer auf.

Gary:

Ich zeigte der Mutter eines kleinen Jungen, der autistisch war, wie man in Bildern kommuniziert. Am nächsten Tag berichtete sie mir: „Heute Morgen, als ich ihm die Windeln wechselte, dachte ich, dass ich ihm einfach übertrage, was wir tun würden, nämlich uns anziehen und einen Spaziergang machen. Ich gab ihm den ganzen Vormittag als Übertragung. Er lag einfach da und sagte dann: „Schuhe?" Also zogen wir seine Schuhe an und dann sagte er: „Gehen?"

Wenn du mit Kindern kommunizieren möchtest, die autistisch sind, musst du ihnen den gesamten Ablauf übertragen. Und nicht Punkt für Punkt für Punkt darlegen: „Tu dies, tu dies, tu dies, tu dies." Du gibst ihnen den ganzen Ablauf, und das können sie dann aufgreifen. Sie sind so schnell! Aber anstatt uns auf die Geschwindigkeit zu beschleunigen, in der sie funktionieren, versuchen wir sie zu bremsen, damit sie in unserer Realität leben. Das ist ein Fehler, den wir machen. Ihre Realität ist viel schneller.

Dain:

Die meisten Kinder haben keinen Widerstand gegenüber irgendetwas. Sie sind bereit, mit dem Strom zu schwimmen und müssen nicht wie ihr einen Zeitplan einhalten, Geld verdienen und sich Sorgen machen um ihre Rente. Sie sagen: „Ja, Mama, ich mache, was immer du möchtest." Alles, was du tun musst, ist, es mit ihnen zu teilen.

Wenn es etwas gibt, gegen das dein Kind Widerstand leistet, wirst du das merken, wenn du ihm ein Bild übermittelst, weil die Energie dann genau da stoppt. Etwa so: „Ah, dieser Teil, wo du mich zum Zahnarzt bringst. Da bin ich mir nicht so sicher, Mama." Du wirst wissen, wenn der Widerstand anfängt, weil du spürst, wie die Energie stoppt.

Gary:

Eine Mutter erzählte uns, dass sie ihrem Sohn Informationen über einen Besuch bei einem holistischen Heilpraktiker übertrug, bei dem dieser die Wirbelsäule des Jungen berühren würde. Der Junge wird nicht gerne berührt, also war die Absicht der Mutter, den Termin so glatt und leicht wie möglich zu machen.

Als sie ihm das erste Mal die Informationen über den Termin übertrug, war er nicht scharf darauf, also versuchte sie es wieder und schickte ihm ein größeres, kompletteres Bild von dem, was passieren würde, und machte ihm nichts aus, dorthinzugehen.

Auf dem Heimweg fragte die Mutter ihn: „Wie war es?"

Der Junge meinte: „Oh, es war gut."

Die Mutter fragte: „Er hat dich berührt, oder? Wie hast du dich dabei gefühlt?"; und der Junge antwortete: „Es war angenehm."

Dain:

Fange damit an, deinen Kindern kleine Informationseinheiten zu übertragen, wenn sie klein sind, und steigere das dann, je älter sie werden. Irgendwann werden sie auch anfangen, dir Sachen zu übertragen. Wenn das eintritt, hast du eine Verbindung und ein Einssein mit ihnen, das so außergewöhnlich sein wird, dass sie nicht gegen dich rebellieren müssen, um ein Gespür für sich selbst zu haben. Und wenn deine Kinder schon älter sind, solltest du wissen, dass es nie zu spät ist anzufangen.

Bald schon werden deine Kinder dir Bilder von dem in den Kopf setzen, was sie möchten, und du wirst sie empfangen. Jedes Mal ein bisschen. Du musst weiter üben. Es ist, als ob man einen Muskel aufbaut oder für einen Fünf-Kilometer-Wettlauf trainiert. Beim ersten Mal wirst du vielleicht nur fünf Häuserblocks weit laufen können. Du musst einfach weitermachen.

Gary:

Wenn du den Prozess beginnst, ihnen Bilder zu geben, werden sie auch anfangen, Bilder in deinen Kopf zu schicken. Du merkst, wie du auf dem Weg in die Küche bist, um ihnen etwas zu holen und hältst inne und fragst dich: „Was mache ich hier eigentlich? Warum hole ich das Apfelmus?" Du weißt noch nicht einmal, warum du es tust, weil sie ihre Bitte nach Apfelmus nicht laut ausgesprochen haben.

Ignorieren dich deine Kinder jemals, wenn du sie nach Hause rufst? Wenn das der Fall ist, probiere mal aus, sie in deinem Kopf anstatt mit deiner Stimme zu rufen, und schau, was passiert. Wenn du möchtest, dass sie nach Hause kommen, schicke ihnen ein Bild davon, wie sie richtig schnell nach Hause laufen. Nach einer Weile werden sie das Bild bemerken und sagen: „Ich muss jetzt nach Hause gehen." Alle Kinder haben die Fähigkeit dazu, aber wir trainieren sie ihnen ab, indem wir sie anschreien. Du musst auch bereit sein, den seltsamen Schritt zu gehen anzuerkennen, dass auch du, genau wie sie, telepathisch bist.

Als Dain und ich einen X-Men-Kurs in Australien hielten, kam ein Ehepaar, das drei autistische Kinder hatte. Sie erzählten mir, es sei ein Alptraum, sie morgens für die Schule fertig zu machen. Die Kinder taten einfach nicht, was nötig war, um sich fertig zu machen, und sie kamen nie pünktlich in die Schule. Ein Kind frühstückte nicht gern, und sie kämpften mit ihm, damit es etwas aß. Ein anderes Kind zog sich immer erst im Auto an, und selbst dann wollte es sich nicht anziehen; es wollte den ganzen Tag im Pyjama bleiben. Das dritte Kind trödelte einfach und war nie fertig.

Ich sagte: „Ihr müsst ihnen den Tagesplan in eurem Kopf geben, und zwar alles auf einmal. Schickt ihnen einfach ein Bild von dem, was sie für den ganzen Tag tun müssen."

Sie sagten: „Okay, wir probieren es aus."

Am nächsten Abend kamen sie wieder zum Kurs und sagten: „Was für ein großartiger Tag. Die Kinder waren aufgestanden, angezogen, hatten gegessen und waren im Auto, bevor wir es waren. Und am Ende des Tages, wo wir sie sonst suchen und einsammeln mussten, standen sie am Straßenrand und warteten schon auf uns. Einen solchen Tag hatten wir noch nie. Und beim Abendessen aß unser Kind, das nicht gerne isst!"

Ich sagte: „Ja, ihr müsst ihnen nur den ganzen Ablauf auf einen Schlag geben." Das ist die einzige Art, wie diese Kinder wahrnehmen. Sie kapieren es nicht, wenn ihr ihnen sagt: „Wir machen das, und dann machen wir das." Das ist nicht ihre Realität. Alles passiert für sie jetzt, also müsst ihr ihnen ein Bild des gesamten Tages geben, und plötzlich habt ihr Kinder, die im Zeitplan sind, tun, was sie zu tun haben, und es so machen, wie du es brauchst.

~ 8 ~
GEDANKEN, GEFÜHLE UND EMOTIONEN ANDERER LEUTE AUFSCHNAPPEN

Was wäre, wenn du viel gewahrer bist, als du dir selbst eingestehst?

~ Gary Douglas

Gary:

In psychologischen Kreisen wird Zwangsstörung (englisch: obsessive-compulsive disorder) als eine Angststörung definiert, bei der der Betroffene unerwünschte und wiederholte Gedanken, Gefühle, Vorstellungen, Empfindungen (sogenannte Obsessionen) oder Verhaltensweisen hat, aufgrund derer er oder sie sich dazu getrieben fühlt, bestimmte Dinge zu tun (sogenannte Zwänge). Man geht davon aus, dass derjenige diese Verhaltensweisen an den Tag legt, um die zwanghaften Gedanken loszuwerden, aber das Verhalten bietet nur vorübergehende Erleichterung. Wenn die Zwangsrituale nicht ausgeführt werden, kann dies große Angst hervorrufen.

An diesen Beobachtungen scheint einiges dran zu sein, doch in unserer Arbeit mit Menschen, die Zwangsstörung haben, haben wir etwas Interessantes entdeckt. Die Gedanken, Gefühle und Emotionen, die diese Menschen haben, sind gar nicht ihre eigenen. Sie schnappen die Gedanken, Gefühle und Emotionen, sowie den Sex und Nicht-Sex von allen anderen im Umkreis von zehn- bis zwölftausend Kilometern auf.

Dir ist wahrscheinlich recht klar, was Gedanken, Gefühle und Emotionen sind, aber das Konzept von Sex und Nicht-Sex ist dir wahrscheinlich nicht bekannt. Wenn wir von Sex und Nicht-Sex sprechen, meinen wir damit nicht Kopulation. Wir wählen diese Worte, da sie die Energie von Empfangen und Nicht-Empfangen besser hochbringen als alles andere, das wir gefunden haben. Die Menschen benutzen ihre Ansichten über Sex und Nicht-Sex als eine Art, um ihr Empfangen zu begrenzen. Sex und Nicht-Sex sind sich gegenseitig ausschließende Universen – Entweder/Oder-Universen – wo man sich entweder unter Ausschluss aller anderen bemerkbar macht (Sex) oder seine Präsenz versteckt (Nicht-Sex), damit man nicht gesehen werden kann. In beiden Fällen erlaubst du dir nicht, von irgendjemandem oder irgendetwas zu empfangen, da du dich auf dich selbst konzentrierst.

Dain:

Stelle dir vor, jeden Gedanken, jedes Gefühl und jede Emotion, allen Sex und Nicht-Sex von allen Menschen innerhalb eines Radius von 12 Kilometern aufzuschnappen. Würdest du da viele Gefühle, Gedanken und Emotionen haben? Ja!

Gary:

Würde das zu einer Überlastung deines Systems führen? Oh ja! Und so fühlt es sich für Leute mit Zwangsstörung an.

Dain:

Wenn das System derart überlastet wird, bringt es ein wenig Erleichterung, eine Handlung zu wiederholen, wie z. B. etwas aufzuräumen oder sich die Hände zu waschen. Das ist die einzige Zeit, in der du genug auf eine Sache konzentriert bist, um in der Lage zu sein, das Gewahrsein all der Informationen auszuschließen, die auf dich einströmen.

Gary:

Zwangsstörung wird als Störung oder Behinderung bezeichnet; wir betrachten diese Art von Gewahrsein allerdings als eine Fähigkeit.

Ich habe mit einem achtjährigen Mädchen gearbeitet, dessen Eltern sie in eine Sonderschule schicken wollten. Sie war unglaublich zwanghaft. Sie wusch sich ständig die Hände und sagte: „Es tut mir leid, es tut mir leid, es tut mir leid." Wir arbeiteten zwei Stunden zusammen, und am Ende der zwei Stunden sagte ich der Mutter, dass das Mädchen übersinnlich war und Informationen von 120 Kilometern aus allen Richtungen aufschnappte.

Die Mutter meinte: „Ja, klar."

Etwa drei Wochen später rief die Mutter mich an und sagte: „Erinnerst du dich, als du meintest, meine Tochter sei unglaublich übersinnlich und könne die Gedanken, Gefühle und Emotionen von Menschen um sich herum aufschnappen? Ich dachte, du redest einen Haufen Müll."

Dies ist die Aussage, die ich am häufigsten bei meiner Arbeit höre. Sie sagte: „Ich habe dir nicht geglaubt, als du meintest, sie könne anderer Menschen Gedanken lesen, aber gestern war ich im Auto mit ihr. Ich dachte, wie sehr ich sie liebe, und sie drehte sich zu mir um und sagte: ‚Ich liebe dich auch, Mami.' Sie hörte, was ich dachte, als wäre es ausgesprochen worden."

Hast du jemals die Erfahrung gemacht, etwas zu hören und darauf zu antworten, und den Leuten fiel die Kinnlade herunter und sie sagten: „Oh!"? Du hast es gehört und darauf reagiert – aber sie hatten es nicht ausgesprochen; sie haben es *gedacht*. Kinder mit Zwangsstörung haben diese Fähigkeiten, und du hast sie auch.

Schließlich musste ich wieder mit diesem kleinen Mädchen arbeiten, weil sie von Gedanken an Sex mit Frauen belagert wurde. Ich sagte zu ihr: „Schließe deine Augen und sage mir, wo diese Energie herkommt."

Sie schloss die Augen und zeigte auf eine Garagenwohnung nebenan.

Ich fragte ihren Vater: „Wer lebt dort?"

Er meinte: „Ein Freund von mir."

Ich sagte: „Würdest du bitte rübergehen und ihn fragen, ob er sich Pornos anschaut?"

Es stellte sich heraus, dass der Typ einen Großteil des Tages Pornos anschaute und dieses kleine Mädchen seine Gedanken an Sex mit Frauen aufschnappte und dachte, sie sei irgendwie schmutzig.

WERKZEUG: WAS NIMMST DU HIER WAHR?

Das allerwichtigste Werkzeug, das du mit jemandem, der Zwangsstörung hat, benutzen musst, lautet: Was nimmst du hier wahr?

Frage nicht: „Welche Emotion, welchen Gedanken oder welches Gefühl hast du hier?", weil sie sie dadurch zu *ihren eigenen* machen – und das sind sie nicht. Es ist etwas, das sie *wahrnehmen*.

Dain:

Merkst du den Unterschied zwischen etwas *wahrnehmen* und es *fühlen*? Wenn du sagst: „Ich fühle mich traurig", hast du dich gerade selbst traurig gemacht – selbst wenn du es nicht warst.

Wenn du etwas *fühlst*, besitzt du es, und dann bist du, was auch immer du beschlossen hast zu fühlen.

„Ich nehme Traurigkeit wahr", ist eine komplett andere Geschichte. Das besagt: „Ich bin mir Traurigkeit gewahr." Es ist nicht unbedingt etwas, das du bist.

Gary:

Ich nehme so viel in meinem Körper wahr und alles, was sich in den Körpern aller anderen abspielt, alles gleichzeitig. Die einzige Art, wie ich funktionieren kann, ist, wenn ich Fragen über das Gewahrsein stelle, das ich bekomme. Wenn ich sagen würde: „Ich habe dieses Gefühl, dieses Gefühl und dieses Gefühl", wäre ich geliefert. Ich könnte nicht gehen und sprechen, wenn ich all das Zeug, das ich wahrnehme, *h*ätte. Zu wissen, dass ich es *wahrnehmen* oder *das Gewahrsein davon haben kann*, ohne es zu meinem eigenen zu machen, bewirkt einen erstaunlichen Unterschied.

Menschen mit ADS, ADHS und Autismus haben auch eine außergewöhnliche Fähigkeit, die Gedanken, Gefühle und Emotionen anderer Menschen wahrzunehmen.

Anne:

Ich arbeitete mit der Mutter eines neunjährigen Jungen, bei dem ADHS diagnostiziert worden war. Er hat auch viele undiagnostizierte autistische Züge. Die Mutter arbeitet häufig von zu Hause aus. Eines Tages, als sie zu Hause arbeitete, war ihr Sohn auch da, weil es eine Lehrerfortbildung an seiner Schule gab. Der Junge war in seinem Zimmer im zweiten Stock des Hauses, und die Mutter war in ihrem Arbeitszimmer im ersten Stock, wo sie gerade ein Live-Meeting an ihrem Computer durchführte. Je länger das Meeting dauerte, wurde sie zunehmend wütend auf einige ihrer Kollegen.

Sie erzählte mir, dass sie weder sprach noch irgendwelche Geräusche von sich gab. Sie bewegte sich noch nicht einmal auf ihrem Stuhl oder raschelte mit den Unterlagen auf ihrem Schreibtisch. Ihr Sohn kam herunter, schaute sie an und fragte: „Mama, ist alles in Ordnung bei dir?"

Sie erkannte an, dass sie wegen Sachen bei der Arbeit wütend war und nicht auf ihn, und er meinte: „Okay, Mama. Wollte nur schauen! Ich wusste nicht, ob ich etwas falsch gemacht hatte."

Wie großartig, dass er in der Lage war, ihre Wut wahrzunehmen, ihr eine Frage zu stellen und sie nicht sich selbst zuzuschreiben! Er wusste, dass er ihre Wut nicht hervorgerufen hatte und „fühlte" auch nicht ihre Wut, indem er selbst wütend wurde. Er nahm sie einfach wahr.

ADHS UND STÖRENDES VERHALTEN

Gary:

Bisweilen kann die Fähigkeit eines Kindes, die Gedanken, Gefühle und Emotionen anderer wahrzunehmen, zu etwas führen, das als störendes Verhalten bezeichnet wird.

Ich sprach mit einer Frau, bei deren Tochter ADHS diagnostiziert worden war. Wenn das Mädchen mit ihrer Mutter zusammen war, ging es ihr gewöhnlich gut. Sie hatte nur ab und zu einen Anfall. Wenn sie mit ihrem Vater und ihrer Stiefmutter zusammen war, befand sie sich in einem ständigen Zustand emotionaler Ausbrüche und wurde schließlich deswegen ins Internat geschickt und bekam Medikamente.

Das Mädchen sollte wieder bei der Mutter wohnen, die wissen wollte, wie sie ihre Tochter am besten unterstützen kann.

Dain:

Menschen mit ADHS neigen dazu, die Angst und Sorgen der Menschen in ihrem Umfeld aufzuschnappen und haben häufig einen Elternteil oder Ehepartner, der sich ständig Sorgen macht.

Gary:

Ich sagte zu der Mutter: „Möglicherweise führt sie sich wegen der Situation zwischen ihrer Stiefmutter und ihrem Vater auf. Möglicherweise ist sie sich eines Unbehagens in deren Universum bewusst, weiß aber nicht, wie sie damit umgehen soll. Vielleicht versucht sie, von ihren Problemen abzulenken."

Die Mutter meinte: „Alles, was du gerade erwähnt hast."

Ich fragte: „Wirst du bitte in Anspruch nehmen, anerkennen und erkennen, dass das größte Problem des Mädchens darin besteht, dass sie gewahrer ist, als ihr Vater und ihre Stiefmutter auch nur bereit sind zu erwägen?"

Du musst daran denken, dass Kinder deine Gefühle, Gedanken und Emotionen aufnehmen. Wenn du wegen irgendetwas verärgert, besorgt oder beunruhigt bist oder wenn du meinst, es wird ein Problem geben oder es wird schwierig werden, weißt du was? Die Kinder schnappen das auf und sagen: „Oh, das wird schwierig werden." Du musst dir klarmachen, dass diese Kinder sehr viel gewahrer sind, als du ihnen zugestehst.

Eltern gehen oft davon aus, dass Kinder Sachen ausblenden. Ganz im Gegenteil – sie bekommen zu viele Informationen und wissen nicht, was sie damit anfangen sollen. Sei bereit, dein Zeug loszulassen, damit dein Kind kein Problem mit dem hat, was in deinem Universum vor sich geht.

Anne:

Kinder nehmen auf jeden Fall die Gedanken, Gefühle und Emotionen ihrer Eltern über sie wahr. In einem Versuch, sich mit ihren Eltern zu verbinden oder eine liebevolle Beziehung mit ihren Eltern zu haben, tun sie alles, was sie können, um diesen Gedanken, Gefühlen und Emotionen zu entsprechen. Ich arbeitete mit einer Mutter, die ständig Zank mit ihrer achtjährigen Tochter hatte. Sie meinte, ihre Tochter würde sich in der Schule recht gut verhalten; nur bei ihr gab es Probleme und Wutanfälle.

Sie erzählte mir, dass ihre Tochter ihr und ihrem Mann übermittelt wurde, als sie zwei Jahre alt war. Die Polizei hatte sie gefunden, wie sie mit ihrem Vater in einem Auto lebte, der drogenabhängig war und bald darauf starb. Die Mama sagte: „Mit zwei Jahren war meine Tochter ‚verwildert'. Sie war total wild. Ich dachte, sie würde aufgrund der Entbehrung und Vernachlässigung, die sie erlebt hatte, alle möglichen Probleme haben und machte mich daran, sie für sie zu lösen. Ich denke, ich sah sie als ein Problem, das ich lösen musste."

Ich fragte sie, ob sie eine gute Problemlöserin sei, und sie bejahte das.

Dann fragte ich: „Was wäre, wenn mit deiner Tochter nichts falsch wäre? Was wäre, wenn sie, indem sie sich bei dir ständig aufführt, dir hilft, gute Arbeit zu leisten und eine gute Mama zu sein, indem sie dir erlaubt, alle Probleme zu lösen, mit denen sie dich konfrontiert? Was wäre, wenn so viel von dem, was sie tut, dir zeigen soll, wie sehr sie dich liebt? Ich frage mich, was sich ändern könnte, wenn sie nicht mehr dein Problem wäre."

Der Frau liefen die Tränen übers Gesicht, dann lachte sie und meinte: „Das ist das Erste, was jemals jemand zu mir gesagt hat, das für mich Sinn ergibt!" Als ich sie in der nächsten Woche sah, erzählte sie mir, dass die Anfälle ihrer Tochter so gut wie verschwunden seien. Sie sagte, dass, sobald sie aufhörte, ihre Tochter als ein Problem zu betrachten, das es zu lösen gilt, eine energetische Veränderung zwischen ihnen eintrat. Das erste Mal hatten sie auf der Couch geschmust und gekuschelt, nachdem die jüngeren Geschwister ins Bett gegangen waren, und es war wunderbar gewesen. Sie erzählte mir: „Es ist alles so neu. Ich hätte nie gedacht, dass wir auf diese Art Zeit miteinander verbringen könnten ... nie!"

WERKZEUG: WEM GEHÖRT DAS?

Gary:

Was wäre, wenn du und dein Körper wie eine riesige Radioantenne wären, die die Gedanken, Gefühle und Emotionen aller Menschen um dich herum aufnimmt? Was wäre, wenn 99,9 % aller Gedanken, Gefühle und Emotionen, die du wahrnimmst, nicht dir gehörten? Weißt du was? Du schnappst ganz genau wie die Kinder, über die wir sprechen, ständig die Gedanken, Gefühle und Emotionen auf, die anderen Leuten gehören.

Hier ist ein Werkzeug, das du verwenden kannst, wenn du ein Gefühl, einen Gedanken oder eine Emotion wahrnimmst. Das kannst du auch deinen Kindern beibringen. Stelle die Frage: Wem gehört das?

Mach es jetzt gleich: Nimm einen Gedanken, ein Gefühl oder eine Emotion, die du in den letzten Tagen hattest oder gerade hast, und frage: „Wem gehört das?"

Wenn du diese Frage stellst, wird der Gedanke, das Gefühl oder die Emotion leichter oder verschwindet? Wird es schwerer? Oder bleibt es gleich?

Wenn es verschwunden ist, ist es nicht deins. Es war ein Gewahrsein der Gedanken, Gefühlen und Emotionen anderer.

Wenn es leichter geworden, aber nicht ganz verschwunden ist, kannst du es zum Absender zurückschicken. Du musst noch nicht einmal wissen, wer der Absender war. Sage einfach: „Zurück an den Absender."

Wenn es schwerer geworden oder gleichgeblieben ist, hast du abgekauft, dass der Gedanke, das Gefühl oder die Emotion zu dir gehört. In dem Fall kannst du ihn „entkaufen" und an den Absender zurückschicken.

Anne:

Ein zehnjähriger Junge, der im Begabten- und Talentprogramm einer Grundschule war, hatte mit Wutausbrüchen gegenüber den anderen Kindern an seiner Schule zu kämpfen. Er war so schnell und so gewahr – und wurde von seiner Wahrnehmung der Gedanken, Gefühle und Emotionen aller anderen überflutet, die er annahm, als seien sie seine eigenen. Er war schon mehrfach vom Unterricht suspendiert worden und glaubte wirklich, dass etwas mit ihm nicht stimmte. Nach einem solchen Schulverweis brachte sein Papa ihn in meine Praxis und wir begannen zusammenzuarbeiten.

In unseren Sitzungen spielte er in der Regel mit Legos, und während er baute, redeten wir. Eines Tages sagte er, er wünschte, er könne sich selbst davon abhalten, aggressiv zu sein; wenn ich jedoch Werkzeuge wie „Wem gehört das?" anbot, rollte er nur mit den Augen und zuckte die Schultern.

Dennoch wurden die Schulverweise mit der Zeit weniger, und er konnte einige Freundschaften schließen. In diesem Sommer nahm er an einem „Being Seen and Being Heard"-Workshop („Gesehen und gehört werden"-Workshop) teil, den ich hielt.

Eines Tages kam er auf die Bühne, und anstatt wie die meisten Kinder zu singen, wählte er, zum Publikum zu sprechen. Er stellte sich vor und erzählte allen, dass er einige Wochen lang schon keinen Wutausbruch mehr gehabt habe und sogar in dem Camp, in dem er mitmachte (und aus dem er im vergangenen Sommer rausgeworfen worden war), von den Mitarbeitern dafür gelobt worden war, ein Anführer zu sein. Dann drehte er sich zu mir um und sagte: „Weißt du, diese Frage ‚Wem gehört das'? Sie funktioniert wirklich!" Dann sprach er direkt zum Publikum und wie er sie zu seinem Vorteil genutzt hatte.

WERKZEUG: FÜR WEN MACHST DU DAS?

Gary:

Vielen Kinder, die Fähigkeiten wie ADS, ADHS, Zwangsstörung und Autismus haben, schnappen die Gedanken und Gefühle von Menschen auf, die schlecht von sich denken. In Wirklichkeit wissen sie tief drinnen, dass sie fähiger sind als andere Menschen, und versuchen, die Gefühle und Gedanken anderer Leute zu übernehmen, damit die sich nicht so schlecht fühlen. Leider funktioniert das nicht, und man kann anderen Menschen nichts abnehmen, es sei denn, sie möchten das.

Dain:

Die meisten Menschen sind nicht bereit, ihre schlechten Gefühle loszulassen; also produzieren sie, wenn du ihnen ihre schlechten Gefühle wegnimmst, einfach mehr davon. Und dann versuchst du, ihnen auch diese abzunehmen. Du fühlst dich immer schwerer, und sie produzieren weiter schlechte Gefühle. Du nimmst mehr an; sie produzieren mehr. Du nimmst mehr an; sie produzieren mehr.

Wenn du wahrnimmst, dass ein Kind die Emotionen anderer Leute ausagiert, kannst du fragen: Für wen machst du das? Wenn zum Beispiel jemand mit ADHS sagt: „Ich bin ängstlich" oder „Ich habe Angst", kannst du fragen: „Für wen machst du das?" Möglicherweise merkt er dann, dass er das für jemand anders macht."

Gary:

Menschen, die als behindert gelten, haben so viel mehr Gewahrsein über das, was vor sich geht, als wir glauben. Manche Kinder sind einfach nur deswegen emotional gehandicapt, weil sie zu viel von den Emotionen in ihrer Umgebung aufnehmen. Sie unterscheiden nicht, was zu ihnen gehört, und wir bringen ihnen nicht bei, dass Sachen nicht zu ihnen gehören.

Fange damit an, deinen Kindern diese Fragen zu stellen und ihnen diese Werkzeuge beizubringen, und sie werden anfangen, sie selbst anzuwenden, wenn ihr System mit Informationen überlastet wird, die zu anderen Leuten gehören. Diese Werkzeuge holen sie aus dem Gedanken heraus, das, was sie wahrnehmen, sei ein Gefühl, das sie haben.

Ich liebe es, mit Kindern zu arbeiten. Sie nehmen die Werkzeuge sofort und wenden sie gleich in allen Bereichen ihres Lebens an. Wir lassen Kinder bis zum 16. Lebensjahr kostenlos zu Access Consciousness-Kursen kommen. Wir haben viele Kinder, die anfingen, zu unseren Kursen zu kommen, als sie ganz klein waren, und sie machen eine Menge toller Sachen.

Auch ganz kleine Kinder können lernen, diese Werkzeuge anzuwenden. Ein kleines Mädchen in Queensland, Australien, war zwei Jahre alt, als sie zu ihrem ersten Access Consciousness-Kurs kam. Jetzt kennt sie viele Access Consciousness-Werkzeuge und wendet sie an. Eines Tages regte sich ihre Mutter sehr auf und das kleine Mädchen fragte: „Mami, zu wem gehört das?", und forderte sie auf, es an den Absender zurückzuschicken.

Die Mama lachte – und schickte es zurück an den Absender.

~ 9 ~
Mit Kindern arbeiten, die sphärisches Gewahrsein haben

Der Unterschied zwischen dir und diesen Kindern besteht darin, dass du die Vergangenheit als etwas definiert hast, das bereits geschehen ist, du siehst die Zukunft als Geheimnis, und dann hast du deine Gegenwart, die dir auf die Nerven geht. Sie machen diese Unterscheidung nicht.
~ Gary Douglas

Gary:

Viele Menschen mit Autismus haben keinen unterscheidenden Faktor. Dies gilt auch für einige Leute mit ADS und ADHS. Ihr Gewahrsein ist nicht linear wie unseres; sie haben ein sphärisches Gewahrsein. Ihre Empfänger sind eingeschaltet, sie empfangen 300 Fernsehkanäle gleichzeitig, und sie können nicht zwischen den einzelnen Kanälen unterscheiden. Und es gibt keine Lautstärkeregelung. Sie bekommen all diese Informationen ohne Unterbrechung und greifen auch noch gleichzeitig auf all ihre vergangenen und zukünftigen Leben zu. Nichts dämpft die Informationen, die sie bekommen.

Wenn so viele Informationen bei ihnen eingehen, wissen sie nicht, was sie damit machen sollen, und schalten entweder ab oder entwickeln irgendeine Funktionsstörung.

Dain:

Sie versuchen, Ordnung in etwas hineinzubringen, was tatsächlich keinerlei Ordnung hat.

Anne:

Ich habe vor Kurzem eine Dokumentation über Temple Grandin angeschaut, eine außergewöhnliche hochfunktionale Frau, die Autismus hat. Im Film beschreibt Grandin, wie sie Informationen aufnimmt, und erzählt, wie ihr Lehrer in der Highschool ihr eine Frage über Schuhe stellte. Um zu zeigen, was daraufhin in Grandins Kopf vor sich ging, explodiert der Bildschirm mit Hunderten von Bildern von Schuhen aller Art, und Grandin versucht so schnell zu sprechen wie möglich, weil sie versucht, jeden einzelnen Schuh zu beschreiben, der ihr in den Kopf kam, in der Vergangenheit, Gegenwart und Zukunft, alles durcheinander. Sie sagte, sie habe mitten in all den Informationen nach Mustern gesucht und sich sehr bemüht, es auf eine Art zu beschreiben, die dem Lehrer verständlich wäre, was eine wirklich schwierige Aufgabe war.

Gary:

Das ist genau, wie viele dieser Kinder funktionieren. Du stellst ihnen eine Frage, und sie gehen von einer ganz anderen Warte aus heran, und du denkst nur: „Was?" Wenn du dich aber ein wenig länger auf die Kommunikation einlässt, kommen sie am Ende zu einem Punkt, wo sich der Kreis wieder schließt; plötzlich hat alles, was sie sagen, eine Verbindung zu der Frage, die du gestellt hast.

Diese Kinder haben das Konstrukt von Vergangenheit, Gegenwart und Zukunft nicht auf die Art, wie wir es haben; sie funktionieren nicht so. Sie denken nicht in Kategorien von Tag für Tag, Montag, Dienstag, Mittwoch. Dieses Konstrukt hat für sie keine Bedeutung. Ich glaube, es ist eher so: „Ich sehe diese ganze

Woche, die ganze letzte Woche und all die anderen Wochen. Wie kommt es, dass irgendetwas hiervon für euch wichtig ist?"

Das ist viel näher an der Sicht von Tieren. Ein Pferd sagt nicht: „Okay, ich muss diesen dummen Reiter die nächsten zwanzig Jahre lang herumtragen, bevor ich raus auf die Weide komme." Es sagt nur: „Oh, werde ich das tun? Werde ich das tun? Okay, gut."

Wir erschaffen Bedeutung basierend auf Zeit, aber sie sehen die Bedeutsamkeit von Zeit nicht so wie wir. Wir sagen Dinge wie: „Wir sind schon zwanzig Jahre zusammen" oder „Dies geschah vor 200 Jahren." Sie fragen: „Warum ist das wichtig? Warum macht ihr das wichtig? Ich verstehe das nicht." Wenn du dir dein Leben mit der Ansicht betrachten würdest, dass du 1.000 Jahre leben kannst, wem würdest du heute Bedeutung beimessen? Der Tatsache, dass du heute Abend zu einer Party gehst?

Mit Geld ist es genauso. Unsere Ansicht ist, dass Kinder lernen müssen, sich anzuziehen, in die Welt hinauszugehen, zu arbeiten und Geld zu verdienen. Sie sagen: „Hä? Warum? Was ist wichtig daran? Die Menge an Geld, die du heute hast, ist aus welchem Grund wichtig?" Sie haben diese Konzepte nicht.

Also versuchen wir, die Dinge für sie linear zu machen. Wir versuchen, ihnen beizubringen, wie sie einen Kanal von dem anderen unterscheiden können, was weder eine Eigenschaft noch eine Fähigkeit ist, die sie haben. Anstatt zu versuchen, sie dazu zu bringen, Dinge linear zu machen, müssen wir ihnen Werkzeuge geben, die sie verwenden können, um mit ihrem sphärischen Gewahrsein zu arbeiten.

WERKZEUG: IST DAS VERGANGENHEIT, GEGENWART ODER ZUKUNFT?

Häufig hilft es diesen Kindern, wenn man sie fragt, ob etwas Vergangenheit, Gegenwart oder Zukunft ist. Wenn jemand in der Gleichzeitigkeit von Zeit, Raum, Dimensionen und Realitäten funktioniert, ist alles *jetzt*. Was vor vier Trillionen Jahren geschah, ist gerade jetzt. Sie sind auch in der Zukunft und dort aktiv. Wenn du anfängst, ihnen zu helfen abzugrenzen, was Vergangenheit, Gegenwart oder Zukunft ist, können sie damit beginnen, etwas Ordnung in ihr Universum zu bringen. Momentan haben sie keinen Referenzpunkt dafür.

Kinder, die die Fähigkeiten der Gleichzeitigkeit haben, von denen wir sprechen, können sehen, was in der Zukunft geschehen wird, und für viele ist das beängstigend. Sie können die Begrenzungen sehen, die jeden Tag kreiert werden, weil ihr Universum sich jeden Moment ändert, alle zehn Sekunden. Sie können sehen, dass, wenn man *jene* Wahl trifft, *dies* geschehen wird.

Ist das eine Fähigkeit? Ja, es ist eine Fähigkeit. Wenn wir alle diese Fähigkeit hätten, hätten wir die Fehler gemacht, die wir auf diesem Planeten begangen haben? Wenn du wüsstest, dass du in einen Unfall gerätst, wenn du dein Auto eine bestimmte Straße entlangfährst, würdest du diese Straße nehmen oder eine andere Strecke? Diese Kinder können sehen, dass es nicht funktionieren wird, diese Straße entlangzugehen – aber sie können dich nicht dazu bringen, es zu sehen. Kannst du dir die Aufregung und Frustration vorstellen, die ihnen das bereitet?

Auf ganz ähnliche Weise schnappen viele dieser Kinder alle Sorgen auf der Welt auf. Die Mehrheit der Menschen auf diesem Planeten wird von Traurigkeit, Trauer und Wut angetrieben, als sei das die Wahrheit des Lebens, und viele dieser Kinder sind von diesen Gefühlen überwältigt. Sie nehmen sie mit solcher Intensität wahr, weil sie keine Regler dafür haben.

Wir können sagen: „Oh, diese Traurigkeit ist nicht meine. Ich habe sie von dieser Person aufgeschnappt" oder „Ich bin traurig, weil dies geschehen ist." Für sie gibt es keine Verbindung zwischen einem Ereignis und der Traurigkeit; sie ist einfach da – und sie ist überall. Sie durchdringt ihre Welt.

Die meisten Kinder mit Autismus scheinen in ihrem eigenen privaten Universum zu leben. Sie sind so mit den Sinneseindrücken überfordert, dass sie darauf reagieren, indem sie ihr eigenes privates Universum erschaffen, in dem sie leben.

Wir hörten von einem kleinen Mädchen, das zwei Tage vor 9/11 psychotische Episoden hatte und Bunker baute. Sie nahm Informationen über den Terrorangriff schon auf, bevor er geschah. Sie landete im Krankenhaus, bis zur Besinnungslosigkeit mit Medikamenten vollgestopft, und das ist schwierig, denn man kann das Gewahrsein der Leute nicht mit Medikamenten abstellen. Es funktioniert nicht. Wenn wir die Fähigkeiten und Fertigkeiten von Leuten nicht anerkennen, werden sie noch aufgewühlter und nicht weniger. Und sie sind nicht behindert; sie sind sehr gewahr – auf eine andere Art als wir.

Bist du je mit jemandem zusammen gewesen, der richtig wütend war und es nicht zum Ausdruck brachte? Du kannst die ganze Energie spüren. Sie ist absolut real für dich, wenn du es demjenigen aber sagst, wird er vielleicht erwidern: „Worüber sprichst du? Alles ist gut." Du weißt, dass etwas nicht stimmt, und derjenige leugnet es. So ist es für autistische Kinder. Sie nehmen das alles wahr, aber niemand erkennt an, was sie wahrnehmen. Ihre Welt erscheint ihnen voller Missbrauch, wie ein Bombardement mit Stöcken und Steinen. Das ist sehr schwierig und unangenehm für sie. Indem man anerkennt, was vor sich geht, und fragt: „Ist das die Vergangenheit, Gegenwart oder Zukunft?", beginnt sich die Situation für sie zu lösen.

~ 10 ~
IN DER NATUR SEIN, SICH MIT TIEREN VERBINDEN, SPIELEN UND DIE WELT ERKUNDEN

Tiere haben uns unglaublich viel zu schenken, wenn wir bereit sind, das zu empfangen. Besonders Pferde möchten sich um uns kümmern. Ist dir je aufgefallen, dass du dich nach einem Ausritt wirklich ausgedehnt fühlst, voller Freude und glücklich? Wieso geschieht das? Weil du bereit warst, von dem Pferd zu empfangen.

~ Gary Douglas

Gary:

Ich sprach mit einem Elternteil, der die Frage stellte: „Ist es möglich, dass wir auf Kinder mit ADS und anderen Beschwerden reagieren, als stimme mit ihnen etwas nicht, weil wir an die herkömmliche Art der Kindererziehung gewöhnt sind, wo wir sagen: ‚Setz dich hin und halte den Mund. Iss, wenn man es dir sagt. Geh ins Bett, wenn deine Schlafenszeit ist'?"

Diese Person nahm wahr, dass bereits seit einiger Zeit eine Evolution der Spezies vor sich geht, und dies schließt eine Entwicklung des Gewahrseins von Kindern ein. Gerade entsteht eine Generation, die bewusster und aktiver ist, und die Leute sagen: „Mit dieser Generation Kindern stimmt etwas nicht. Es muss etwas geben, das wir tun müssen, denn sie zu disziplinieren funktioniert nicht." Diese Art der Unterhaltung wird schon seit Jahren geführt.

Ein Teil dessen, was vor sich geht, ist; dass die Wahrnehmung davon, wie Kinder erzogen werden sollten, sich in letzter Zeit um 180 Grad gedreht hat. In vielerlei Hinsicht haben wir den Kindern ihre Kindheit genommen. Kinder bekommen bereits im Kindergarten stundenlange Hausaufgaben. Ihr Leben ist streng organisiert und durchgetaktet. Sie haben wenig Zeit, unstrukturiert zu spielen, in der Natur zu sein oder ihre Welt zu erkunden. Wann kann ein Kind noch ein Kind sein? Sie sollten rausgehen und spielen können, Spaß haben und herumlaufen.

Anne:

Kinder sind sich der Vorteile des Spielens so bewusst. Sie fordern zu spielen und lassen uns wissen, wie dumm es ist, es nicht zu tun. Das Spielen erfüllt viele Funktionen für ein Kind in der Entwicklung. Beim Spielen entwickeln sich die verbale Sprache und die physischen, psychologischen, sozialen und kognitiven/intellektuellen Fertigkeiten eines Kindes. Für kleine Kinder, deren verbale Fertigkeiten ihnen nicht erlauben, sich so wie wir auszudrücken, ist das Spielen eine primäre Form der Kommunikation. Durch ihr Spielen teilen sie uns ihre innere Welt mit. Durch ihre Einladung an uns, mit ihnen zu spielen, erhaschen wir einen Blick darauf, wie ihre Welt aussieht und sich für sie anfühlt. Garry Landreth, einer der ersten Kindertherapeuten, der das heilende Potenzial davon erkannte, das Spiel in den Therapieraum zu bringen, sagte: „Spielzeuge sind Wörter und Spiel ist Sprache."

Ein viereinhalbjähriges Mädchen mit der Diagnose Trennungsangststörung wurde von ihrem Kinderarzt zu mir überwiesen. Nach Aussage ihrer Mutter heulte und schluchzte das Mädchen, wenn es Zeit war, in die Schule zu gehen, und klammerte sich an sie. Die Mama war erschöpft, genauso wie ihre Tochter und auch die Erzieherinnen in ihrer Vorschule. Das Mädchen ging nur vier halbe Tage (anstatt fünf ganze Tage) pro

Woche dorthin, und die Mutter war verzweifelt. Das Personal an der Schule erzählte, dass das Mädchen einen guten Teil des Morgens schluchzte und weinte und „sich weigerte, sich an den gemeinsamen Unterrichtsaktivitäten zu beteiligen, für sich blieb, wenig Augenkontakt aufnahm und nicht auf die Erzieher oder die anderen Kinder reagierte."

Bei meinen ersten Treffen mit der Mutter beschrieb sie mir alles, was sie versucht hatte, um ihre Tochter zu unterstützen, wie auch all die Vorschläge, die sie von der Schule, Verwandten und anderen Eltern bekommen hatte, von denen die meisten davon ausgingen, wie falsch das Verhalten des Mädchens war – und nichts davon half. Dann traf ich ihre Tochter.

Sie war ein reizendes Mädchen mit strahlenden Augen, neugierig und eher ruhig. Nach etwa zwei Sitzungen lud sie mich zu ihrem Spiel ein. Ich fand sie überhaupt nicht so, wie man mir sie beschrieben hatte. Ich stellte ihr einige Fragen, als wir mit den Puppen und dem Puppenhaus spielten.

Ich: Könntest du mir sagen, was es ist, dass du so gar nicht an der Schule magst?

Das Mädchen: Kein Spielzeug!

Ich: Kein Spielzeug?! (Sie besuchte ein alternatives Programm, dass tatsächlich Spielzeug hatte, aber es gab kein freies Spielen. Man hatte auf eine bestimmte Weise, an einem bestimmten Ort und zu einer bestimmten Zeit mit dem Spielzeug zu spielen.)

Das Mädchen: Kein Spielzeug!

Ich: Wie ist es, in einer Schule ohne Spielzeug zu sein?

Das Mädchen: *Nicht lustig!*

Ich: Hmm ... Und das war's!

Zehn Tage später kam die Mutter wieder alleine zu mir. Sie erzählte mir, dass ihre Tochter am Tag nach unserer Sitzung alleine aufgestanden war, sich angezogen hatte und begierig war, in die Schule zu gehen. Als sie in der Schule ankamen, verabschiedete sie sich ohne Tränen von ihrer Mutter. Am Nachmittag fragte sie ihre Mutter, ob sie den ganzen Tag zur Schule gehen könnte, was sie nach den nächsten Feiertagen tat.

Was wäre, wenn meine einfache Anerkennung, dass es dumm *ist*, in der Schule nicht so spielen zu können wie im Spieltherapieraum, alles war, was das Mädchen brauchte, um mehr Leichtigkeit mit der Schule zu haben?

Dain:

Kinder müssen ihre Welt erkunden und schauen, wie sie ist. Sie müssen alles, was nur möglich ist, selbst lernen, nicht nur aus einer mentalen Perspektive, sondern auch von einem energetischen Standpunkt aus.

Anne:

Eine Studie, die 2011 an der University of Illinois durchgeführt wurde, fand heraus, dass Kinder, bei denen ADHS diagnostiziert wurde, schwächere Symptome haben, wenn sie täglich oder mindestens einige Tage in der Woche draußen, in Grünbereichen und Parks, spielen.

Gary:

Eine Freundin von uns hat einen eine Farm, und sie lädt Kinder mit Autismus, Zwangsstörung, ADS und ADHS dorthin ein, um einige Zeit in der Natur und mit den Tieren zu verbringen. Sie sagte, dass die Kinder nach einigen Tagen ruhiger werden.

Da herrscht ein Gefühl des Friedens, das sie in der Stadt nicht erleben.

Das liegt zum Teil daran, dass viele von ihnen die elektrischen Leitungen in der Stadt summen hören. Sie sind sich der Schwingung gewahr, die die Elektrizität erzeugt. Das ist nichts Falsches; es ist eine Fähigkeit, die Schwingung der elektrischen Leitungen wahrzunehmen, die in einer Stadt überall ist. Die Kinder schnappen das auf, haben aber keinen Referenzpunkt für das, was sie hören, und wissen nicht, was sie damit machen sollen. Wenn sie die Stadt verlassen, geht das Summen weg.

Die andere Sache, die zu ihrem Gefühl des Friedens beiträgt, ist der Kontakt mit den Tieren. Wir kennen eine Dame in den USA, die schon länger mit autistischen Kindern und Pferden arbeitet, und sie meinte, es sei erstaunlich, wie oft Kinder, die außer Kontrolle sind – diejenigen, die schreien, kreischen und treten – ruhig werden, wenn sie reiten. Sie sagte, dass sie sich, sobald sie vom Pferd steigen, auf den Boden legen und ein Nickerchen machen. Das Pferd bewirkt diese Ruhe in den Kindern, weil es sich auf ihre Wellenlänge einstellt. Es versteht telepathisch, was die Kinder sagen möchten.

Es gibt viele Pferde mit heilenden Fähigkeiten, die sich um Kinder kümmern. Sie stellen auf sehr dynamische Weise eine Verbundenheit mit den Kindern her. Das Pferd weiß immer, welches Kind es möchte. Es mag nicht zwangsläufig alle Kinder und wird sich nicht mit Kindern abgeben, die es nicht mag, wenn es aber eine Verbindung zu einem Kind aufbaut, können sie eine wunderbare Beziehung haben.

Diese Art der Verbindung und der Verbundenheit ereignet sich auch zwischen Kindern und anderen Arten von Tieren. Besonders Hunde lieben es, eine Aufgabe zu haben, und viele von ihnen haben große Heilfähigkeiten. Unsere Freundin Suzy, eine große

Hundeflüstererin, erzählte uns von einem Hund, mit dem sie gearbeitet hatte. Die Hundebesitzerin war eine Frau, deren Kind Autismus hatte. Die Frau war überfordert damit, sich um ihr Kind zu kümmern, und beschloss, sie können nicht mit Hund und Kind klarkommen, also gab sie den Hund weg.

Als der Hund in sein neues Zuhause kam, begann er, den Teppich zu zerfetzen. Da wurde Suzy bestellt, um mit ihm zu kommunizieren, und es stellte sich heraus, dass der Hund wusste, dass er einen positiven Effekt auf das autistische Kind hatte und zurückwollte, um mit ihm zusammen zu sein – aber die ursprüngliche Besitzerin ließ das nicht zu. Es war eine Schande, weil der Hund eindeutig Fähigkeiten hatte und dem Kind beitragen wollte.

Tiere sind wie Menschen. Sie haben unterschiedliche Fähigkeiten. Es ist ein unglaubliches Geschenk für alle Kinder, besonders für Kinder mit Autismus, ein Tier in ihrem Leben zu haben. Vor allem Pferde, weil sie großartig telepathisch kommunizieren können. Sie sind so dankbar, wenn jemand ihre Kommunikation versteht, dass sie denjenigen auf besondere Weise umsorgen.

~ 11 ~
Die Zone

Diese Kinder sehen die Welt nicht so wie wir.
Wir schauen nicht aus ihrer Perspektive, was unser Fehler ist.
Wir liegen falsch, nicht sie. Wir müssen sehen, was sie sehen,
anstatt zu versuchen, sie dazu zu bringen, die Dinge auf
unsere Weise zu sehen.
~ Gary Douglas

Gary:

Vor Jahren bildete ich Pferde aus, und nachdem ich mit Access Consciousness begann, fing ich an, nach besseren Wegen zu suchen, um ein Gespür von Verbundenheit und Verbindung mit den Pferden zu schaffen, mit denen ich arbeitete. Dabei entdeckte ich, dass jedes Pferd eine Zone hat, innerhalb derer alles friedlich ist. In der Zone gibt es ein Gefühl von Verbundenheit, Verbindung und Wissen. Ich fand heraus, dass, wenn ich mit den Pferden arbeitete und eine Zone kreierte, die zu der Zone des Pferdes passte, dies ein Ort war, wo wir uns beide verbinden konnten.

Dain sagt, es hilft ihm, sich die Zone als Raum vorzustellen.

Dain:

Diese Übung ermöglicht euch vielleicht, mehr Gewahrsein darüber zu erlangen, was die Zone ist.

Schließe deine Augen. Reiche hinaus mit deinem Gewahrsein und berühre die acht Ecken des Raumes, in dem du bist. Dehne dein Gewahrsein einfach aus. Jetzt dehne dein Gewahrsein noch weiter aus, sodass du in alle Richtungen 10 Kilometer weit bist. Dann hundert. Jetzt fünfhundert, und nun tausend.

Gary:

Die meisten von uns laufen mit sehr wenig Gewahrsein für den Raum herum, der uns umgibt. Manchmal ist der Raum so groß wie unser Hirn. Es ist wichtig, sich dessen gewahr zu sein, denn wenn wir mit Tieren arbeiten, müssen wir unseren Raum an den Raum anpassen, mit dem sich das Tier wohlfühlt. Alle Tiere haben ein Gewahrsein für Raum und ein Maß, bei dem sie sich gut und sicher fühlen. Hast du schon mal einen Hund oder eine Katze gehabt, die gerne die ganze Zeit im Haus waren und es verabscheuten, rauszugehen? Der einzige Raum, den das Tier bereit war einzunehmen, war das Haus. Oder hattest du schon ein Tier, das nur draußen sein wollte? Ich habe Katzen gehabt, die darauf bestanden, draußen zu sein. Sie schauten in den Himmel und überall um sich herum und erkundeten alles. Wenn du mit einem solchen Tier zusammen bist, musst du dasselbe Gewahrsein haben, damit es mit dir verbunden und in Verbindung sein kann.

Ich habe einen Hengst auf einer Ranch in der Nähe von Santa Barbara, und um ihn zu reiten, muss mein Raum etwa 30 Kilometer in alle Richtungen ausgedehnt sein. Die Aufgabe eines Hengstes ist, die Herde zu beschützen, also muss man, wenn man einen reiten möchte, genauso viel Raum einnehmen, wie der Hengst einnehmen muss, um sich sicher und ruhig zu fühlen. Wenn ich den Raum eingrenze, während ich meinen Hengst reite, dreht er durch. Er fühlt sich dann wie in der Falle. Wenn ich jedoch mein Gewahrsein weit genug ausdehne, kann ich mit ihm in eine Gruppe anderer Pferde hineinreiten, und er bewegt sich hindurch wie ein Wallach. Er ist ruhig und entspannt, weil ich wahrnehme, was er wahrnimmt, und er sich sicher fühlt.

Bei einem unserer Tier-Workshops arbeiteten wir mit einer Hündin, die als Welpe in der Wildnis gefunden worden war, und selbst nachdem sie viele Jahre bei Menschen gelebt hatte, immer noch sehr scheu war. Sie traute Menschen nicht und näherte sich ihnen nicht. Wenn ein Fremder auf sie zuging, fing sie an zu zittern. Wir ließen einige Prozesse von Access Consciousness an ihr laufen, aber sie entspannte sich nicht wirklich, bis ich den Besitzer des Hundes bat, zu spüren, wie weit die Zone der Hündin ausgedehnt war, und sein Gewahrsein auf die Dinge auszudehnen, deren sich seine Hündin gewahr war. Sie achtete kilometerweit auf alle Gerüche, visuellen Eindrücke, Geräusche und Energien in der Umgebung.

Wir arbeiteten mit dem Besitzer der Hündin, bis er eine Vorstellung bekam, wie er sich in den Raum der Hündin ausdehnen konnte, anstatt zu versuchen, sie auf seinen Raum zu begrenzen. Er dehnte sich schließlich auf ihren Raum aus und sie wurde fast augenblicklich ruhiger und ihre Augen sanfter. Dies war der Raum, den sie brauchte, um die Zone der Ruhe zu erreichen, sich zu entspannen und mehr mit der Welt zu verbinden.

Ich sagte zu dem Besitzer: „Es ist wichtig, von einem solchen Hund nicht zu viel zu verlangen. Verlange ein wenig, und wenn deine Hündin es dir gibt, verlange nur ein klein wenig mehr und sie wird es dir geben. Anstatt zu versuchen, sie dazu zu bringen, mit Leuten zusammen zu sein, akzeptiere, was immer sie an Freundlichkeit gibt, bedanke dich, belohne sie und erkenne ihren Raum und ihre Zone ständig an. Je mehr du das tust, umso freundlicher und umgänglicher wird deine Hündin sein."

Menschen haben auch eine Zone. Es gibt eine natürliche Zone, die man einnimmt. Dies ist der Raum, in dem sie ein Gefühl von Ruhe und Sicherheit haben und sich verbinden können.

Nehmen wir an, du hast ein Kind, das von all den Informationen überwältigt ist, die es empfängt.

Es hat nicht die Fähigkeit, die einströmenden Informationen zu begrenzen. Es nimmt alles auf, was vor sich geht, einschließlich aller Gedanken, Gefühle und Emotionen von allen in seiner Umgebung. In seinem Universum ist alles da; es gibt keine Trennung zwischen dem, was richtig und was falsch, was gut und was schlecht, was jetzt und in der Vergangenheit ist, was ihm gehört und was nicht.

Du kannst die Zone für das Kind kreieren. Wenn du die Zone für Kinder kreierst, schaffst du einen Raum, wo es Verbindung und Verbundenheit geben kann, und sie fangen an zu verstehen, dass sie die Zone für sich selbst kreieren können.

Dain:

Anfangs machst du es für das Kind. Du nimmst seine Energie und dehnst sie in die Zone aus. Bei einem ganz kleinen Kind kannst du sagen: „Hier, Liebes", und dehnst einfach den Raum aus, den es einnimmt.

Gary:

Plötzlich wird es sich umschauen, und du weißt, dass du es getan hast.

Du kannst diese Zone auch für Kinder kreieren, wenn sie sich in einer herausfordernden Situation befinden. Ich habe beispielsweise mit einem Lehrer über einen Schüler gesprochen, der sehr unruhig wurde, wenn er bei einer Schulversammlung von anderen Kindern umgeben war. Er fing dann an, viele störende Geräusche zu machen.

Ich sagte: „Wenn du die Zone für ihn kreieren kannst, wird er anfangen, die Energie davon zu spüren, und das macht ihn ruhiger in seinem Körper. Du musst einfach nur den Raum ausdehnen, damit er sich unter diesen Umständen nicht zusammenzieht. Schließlich wird er erkennen, dass er sich ausdehnen kann und dann nicht überreizt wird."

Du musst daran arbeiten, ein Gefühl von Raum für diese Kinder zu schaffen, denn sie fühlen sich so ausgeliefert, wenn alles auf sie einströmt. Es ist, als ob ihnen ständig jemand gegen den Kopf schlagen würde. Sie sagen: „Ich werde damit nicht fertig" und versuchen, auszusteigen – nur gibt es für jemanden mit so viel Gewahrsein keine wirkliche Möglichkeit, auszusteigen.

Kreiere immer weiter diesen Raum, und sie werden anfangen zu merken, dass sie ihn auch selbst kreieren können. Sobald sie spüren, wie du das machst, werden sie fragen: „Hey, was haben Mama oder Papa gerade gemacht? Was hat der Lehrer gerade gemacht? Oh, das kann ich auch machen."

Dain und ich sprachen mit einem Elternteil, dessen Kinder es nicht aushielten, über längere Zeiträume Kleidung zu tragen. Sie wollten sich immer ausziehen. Es war, als wären sie überfrachtet und eingeengt durch die Sinneseindrücke, die sie erhielten, auch durch das Gefühl der Kleidung, die sie trugen – ganz zu schweigen von den Gedanken, die sie von den Leuten um sie herum aufschnappten. Wir schlugen dem Elternteil vor, die Zone des Kindes zu erweitern.

Es ist auch hilfreich, wenn du die Zone für dich selbst ausdehnst. Wenn du das tust, werden die Gedanken, Gefühle und Emotionen, die du aufschnappst, nicht denselben Einfluss auf dich haben, und dies beruhigt und beschwichtigt dein Kind.

Du kannst diesen Raum, diese Zone kreieren, in der es spürt: „Oh, ich habe mehr Raum." Wenn du anfängst, das zu tun, wird ihm das ungemein helfen.

Anne:

Bevor ich Gary und Dain traf, war mir nicht klar, dass ich die Zone der Kinder, mit denen ich arbeitete, erweiterte. Ich konnte nicht genau erklären, wie es kam, dass Kinder, die andere Therapeuten nicht gemocht hatten, so schnell eine Verbindung zu mir eingehen und so viele Fortschritte machen konnten. Jetzt ergibt es allerdings absolut Sinn für mich.

Ich kreiere die Zone für Kinder – und für ihre Eltern – und das gibt ihnen den Raum, in dem Frieden und Ruhe herrschen. Sie können sich entspannen. Sie können ihre Wachsamkeit aufgeben und sich die Elemente in ihrem Leben und ihren Beziehungen ansehen, die sie überhaupt zu mir gebracht haben. Die Zone zu kreieren, ist eine Möglichkeit, sie sein zu lassen, ohne sie zu bewerten, und Fragen zu stellen, damit sie sich gewahrer werden können, was sie kreieren und welche anderen Wahlen sie treffen könnten.

Eine der Arten, auf die ich versuche, die Zone für Kinder zu kreieren, ist, indem ich sie vollkommen empfange. Wenn ich sie das erste Mal treffe, ist es, als ob ich alle Poren in meinem Körper öffne. Ich schaue sie an und sage: „Hallo!" Das mag wie eine einfache Begrüßung erscheinen, aber er ist so viel mehr. Es ist die Energie von: „Ich freue mich so sehr, dass unsere Wege sich kreuzen. Du bist großartig, so wie du bist. Was immer du sagst oder tust, ist in Ordnung für mich. Und ich gebe dir allen Raum, den du brauchst, um zu haben, was du gerne hättest. Du bist willkommen, in meinen Raum zu kommen." Wenn ich das tue, ist ihre Reaktion fast immer, dass sie sich entspannen, und häufig laden sie mich in ihren Raum ein.

Ich bin gefragt worden, wie ich mit Kindern arbeite, die nicht mit mir im Spieltherapieraum sein möchten. Ich zwinge Kinder nie, mit mir in den Raum zu gehen, wenn sie das nicht möchten. Was ich tue, ist, ihre Zone zu erweitern, und fast immer wählen sie, in den Raum zu kommen. Die Zone ist der Ort, an dem wir uns verbinden.

Häufig bricht die Zone eines Kindes zusammen, wenn er oder sie sich kritisiert, herabgewürdigt oder „falsch" fühlt. Wenn das geschieht, hilft es den Kindern häufig, ihre Zone wieder auszudehnen, wenn ich Fragen stelle, die ihnen helfen, die Wahrheit über sich zu sehen.

Ein zehnjähriges Mädchen, das brillant ist, hochfunktional und schnell erregt, kam vor Kurzem nach einer dreijährigen Pause wieder zu mir. Sie schaute mich und ihre Mutter mürrisch an und war unglücklich, wieder in meiner Praxis zu sein. Als ich sie fragte, warum sie wiedergekommen sei, sagte sie: „Meine Mama glaubt, dass mit meinem Hirn etwas nicht stimmt."

Ich fragte die Mutter, ob sie dachte, mit dem Hirn ihrer Tochter sei etwas nicht in Ordnung.

Sie erwiderte: „Nein, überhaupt nicht!"

Das Mädchen schaute mich an und sagte, ohne Wörter zu benutzen: „Stimmt nicht!"

Ich fragte sie: „Wüsstest du gerne, was ich über all das denke?" Sie nickte.

Ich sagte: „Ich glaube nicht, dass mit dir etwas nicht stimmt. Tatsächlich glaube ich, dass du ein unglaublich talentiertes Mädchen bist, mit Fähigkeiten, die andere Leute nicht haben. Kann ich dir ein paar Fragen stellen?"

Sie nickte.

„Denkst du schneller als andere?" Sie nickte.

„Weißt du, was andere Leuten denken und fühlen, auch wenn sie es dir nicht in Worten sagen?"

Sie nickte.

„Wenn jemand etwas sagt oder tut, weißt du, was dabei herauskommen wird, noch bevor es geschieht?"

Sie nickte.

„Wirst du manchmal frustriert oder sauer, wenn die Leute nicht mit dir mithalten oder mithalten können?"

Sie nickte.

„Was wäre, wenn wirklich nichts falsch mit dir wäre? Was wäre, wenn du einige Werkzeuge lernen könntest, damit es leichter für dich ist, gesehen und gehört zu werden und alles zu haben, was du dir im Leben wünschst?"

Ihr Körper entspannte sich, sie begann zu lächeln und versuchte dann – ohne Erfolg – ein Kichern zu unterdrücken, das aus ihr herausbrach.

„Ja!" Ihre Mama sagte: „Das hatte ich versucht zu sagen! Ich wusste nur nicht wie."

Kinder lieben es, die Erlaubnis zu bekommen, in ihrer Zone zu sein. Wenn sie spüren, dass sie diese Erlaubnis haben, erlernen sie gerne Werkzeuge, um in der Außenwelt mit mehr Leichtigkeit und Ruhe gesehen und gehört zu werden. Ich fragen sie, ob sie „den Raum davon halten können, wer und wo sie sind", und während sie diesen Raum halten und in ihrer Zone bleiben, ob sie hinausgehen können in die Welten anderer Leute, um diesen Leuten zu geben, was sie brauchen.

Gary:

Wir können alle ständig so funktionieren. Stattdessen neigen wir dazu, unser Leben auf einen kleinen Raum zusammenzuziehen, als ob dies tatsächlich alles wäre, worum wir uns sorgen müssen. Wenn wir das tun, kreieren wir unseren Raum der Sorgen. Was aber ist mit unserem Raum des Gewahrseins? Wenn wir mit einer ausgedehnten Ansicht funktionieren würden, einem Raum des Gewahrseins, würden wir keinen Problemen begegnen. Das ist definitiv der Raum, aus dem heraus wir funktionieren sollten.

~ 12 ~
Wenn Kinder weit weg zu sein scheinen

Wegen des Autismus dachte ich ständig so extrem detailliert über das nach, was ich sah, dass es erschien, als dächte ich überhaupt nicht.

~ Zwölfjähriger Junge mit Autismus

Anne:

Manchmal sind Kinder so sehr mit dem, was sie gerade tun, beschäftigt, dass es so erscheint, als verschwänden sie. Wir verwenden Ausdrücke wie „in einer anderen Welt" oder „in ihrer eigenen Fantasiewelt", um das zu beschreiben.

Wenn die Eltern versuchen, ihre Aufmerksamkeit zu gewinnen, werden sie oft mit Schweigen begrüßt. Manchen erscheint es gar, als hätte ihr Kind sie gar nicht gehört. Es wäre einfach, dies als Zeichen von mangelndem Respekt, Widerstand oder Trotz zu sehen. Was, wenn es das nicht ist? Was wäre, wenn die Kinder so in das versunken sind, was sie gerade machen, dass sie die Stimme der Eltern noch nicht einmal registriert haben? Manche Kinder brauchen einfach nur etwas Zeit, um sich von dem zu lösen, womit sie sich gerade beschäftigen, vor allem, wenn es Spaß macht, bevor sie zu etwas übergehen können, was nicht so viel Spaß macht, wie zum Beispiel zur Schule gehen oder zum Abendbrot kommen. Wenn wir ungeduldig *fordern*, dass sie weggehen, wo sie gerade sind und *jetzt* in diese Realität zurückkommen sollen, läuft es in der Regel nicht so gut. Sie möchten da nicht so schnell weg und wehren sich, indem sie uns entweder abblocken oder explodieren. Und dann werden wir wütend.

Was wäre, wenn die Forderung in eine Einladung oder Bitte umgewandelt werden könnte? Und was wäre, wenn die Bitte auf eine Art vorgebracht werden könnte, die für dich, dein Kind und alle, die damit zu tun haben, einfacher ist? Was wäre, wenn du sie ruhig und respektvoll ansprechen könntest, sodass sie dich hören können?

Manchmal kannst du die Aufmerksamkeit eines Kindes gewinnen, indem du einfach sagst: „Hallo!" Wenn du aber in Eile bist, ist es sehr wahrscheinlich, dass dein Kind dort bleibt, wo es ist. Wenn du jedoch präsent mit ihm sein und dich da einklinken kannst, wo dein Kind gerade ist, stehen die Chancen viel besser, dass es bereit ist, dahin zu kommen, wo du bist.

Die Eltern eines siebenjährigen Jungen, der im Autismusspektrum ist und an seiner öffentlichen Schule besondere Betreuung bekommt, schilderten mir, wie sehr er es liebt, alleine zu sein und stundenlang mit Legos zu spielen. Alle anderen in der Familie, seine Eltern und drei Geschwister, sind extrovertiert. Sie lieben es, in Restaurants zu essen, ins Kino zu gehen und an neue Orte zu reisen – alles Dinge, die er nicht mag. Seine Mutter erzählte mir, er „ruiniere" Familienausflüge, weil er normalerweise solche Anfälle bekäme wegen des Ausgehens, dass niemand mit ihm zusammen sein wollte.

Eines Tages, als ich die Eltern alleine traf, stellten sie mir zu all dem Fragen. Die Ansicht der Mama war, der Sohn müsse sich mehr wie der Rest der Familie verhalten und solle aufhören, so anders zu sein. Sie war wütend auf ihn, weil er alle „kontrolliere". Sie tendierte dazu, konfrontativ mit ihm umzugehen, was zwangsläufig zu Anfällen, Tränen und Verzweiflung führte. Der Papa war entspannter mit dem Jungen. Er war eher geduldig und hatte eine freundlichere Sicht auf das Verhalten seines Sohnes, wenn er auch eingestand, dass ihn die häufigen Konflikte ebenfalls frustrierten.

Der Papa erzählte mir, dass am Vorabend, als sie zum Essen ausgegangen waren, ihr Sohn ohne jeden Zwischenfall mitgekommen war. Er fragte die Mama, ob ihr das aufgefallen sei. Sie sagte: „Ja, aber das passiert nicht sehr oft."

Ich fragte sie, was anders gewesen sei. Der Papa meinte, dass er zwanzig Minuten, bevor es Zeit war, das Haus zu verlassen, seinen Sohn mit Legos im Keller spielend gefunden und sich neben ihn gesetzt hatte. Er erzählte mir: „Wir verbrachten einfach ein wenig Zeit miteinander, und nach einer Weile erinnerte ich ihn daran, dass wir bald zum Essen gehen würden. Er spielte weiter. Er zeigte mir, was er machte, und ich war ganz bei ihm. Ab und zu erinnerte ich ihn daran, dass wir bald aufbrechen würden. Als es dann Zeit war, meinte er, er würde lieber zu Hause bleiben, zog aber seine Schuhe an und kam trotzdem mit."

Die Mutter schaute ihn an, hielt inne und sagte: „So viel Zeit habe ich nicht!", worauf der Vater erwiderte: „Aber du hast Zeit für dreistündige Wutanfälle?"

Eines der Grundprinzipien meiner Arbeit mit Kindern und Familien war in den ganzen Jahren, dass Verhalten eine Form der Kommunikation ist. Ich frage die Eltern: „Was sagt euch euer Kind, wenn es einen Wutanfall bekommt? Wenn es untröstlich weint? Wenn es nicht aus dem Haus gehen möchte? Wenn es in seine eigene Welt verschwindet?"

Was funktionierte bei dem Ansatz des Vaters? Meiner Ansicht nach verband sich der Vater energetisch mit seinem Sohn, indem er ruhig mit dem Jungen Zeit verbrachte, wobei er seine Interessen anerkannte und auch, dass er es vorziehen würde, zu

Hause zu bleiben – ohne zu versuchen, ihn vom Gegenteil zu überzeugen oder anzudeuten, dass etwas mit ihm nicht stimmte. Der Vater verband sich energetisch mit seinem Sohn. Er wurde zu einer Einladung für den Jungen, mit ihm und der ganzen Familie zu einem Abend außer Haus mitzukommen. Was wäre, wenn das alles wäre, was sie brauchten, um gemeinsam einen friedlichen Abend zu haben?

Kinder können so tief in etwas, was sie machen, eintauchen, dass es fast so ist, als seien sie *im* Buch oder *würden zum* Buch, Spiel oder Film, anstatt das Buch zu lesen, den Film anzusehen oder das Spiel zu spielen. Gary hat die folgenden Fragen vorgeschlagen, die sich für mich als sehr effektiv dabei erwiesen haben, die Kinder dazu zu bringen, dahinzukommen, wo ich bin. Sie müssen allerdings freundlich und ohne Anklage gestellt werden:

- Wo bist du?

- Bist du gerade verschwunden?

- Ist dir bewusst, dass du außerhalb des Buches bleiben und dir dennoch über alles im Buch bewusst sein kannst?

WERKZEUG: IN ALLE RICHTUNGEN AUSDEHNEN

Wenn ich mit Kindern arbeite, insbesondere mit Kindern, die so komplett in das eintauchen, was sie machen, dass sie sich weigern, mit anderen zusammen zu sein, ermutige ich sie, das Gewahrsein zu haben, das sie haben, und gleichzeitig genau hier und jetzt zu sehen, zuzuhören und zu hören, was ihre Aufmerksamkeit in alle Richtungen ausdehnt. Wenn sie sich in alle Richtungen ausdehnen, können sie sich allem gewahr sein, wessen sie sich gewahr sind und immer noch in dieser Realität auf eine Art und Weise mit Lehrern, Eltern und anderen Familienmitgliedern funktionieren, die ihnen und allen anderen in ihrem Umfeld leichtfällt.

Hier ist ein Vorschlag, wie du Kindern das beibringen kannst, wie ich es von Dain gelernt und dann beibehalten habe. (Du kannst es auch für dich selbst anwenden!)

Mache es dir bequem, indem du dich entweder hinsetzt oder hinlegst. Schließe deine Augen.

Nimm dein Wesen und deinen Körper wahr. Dein Wesen ist das, was ewig weitergeht. Manche bezeichnen es als Seele oder Geist. Dr. Seuss sagt, es gibt niemanden, der „mehr du bist als du".

Dann nimm deinen Körper wahr. Ist dein Körper in deinem Wesen oder ist dein Wesen in deinem Körper? Dein Körper ist in deinem Wesen!

Mache nun dein Wesen größer als deinen Körper …

Größer als den Raum …

Dehne dich in alle Richtungen aus, nach oben, nach unten, nach rechts, nach links, nach vorne, nach hinten … größer …

Größer als deine Stadt …

Größer als dein Land … Größer als der Planet … Größer …!

Größer als von hier bis zum Mond … Größer als von hier bis zum Jupiter …

Bis zum äußeren Rand des Universums …

So … gibt es von diesem Raum aus irgendetwas, was dich aufregt? Kannst du überhaupt irgendeine Verstimmung sehen?

Wenn du diese Übung mit deinen Kindern machst, werden sie sie selbst machen können, egal, wo sie sind. Aus diesem Raum werden sie Lehrern, Eltern, anderen Kindern oder Coaches alles geben, was im jeweiligen Moment erforderlich ist, ohne sich selbst zu verlieren.

Noch einmal, es ist einfach. Bitte sie, sich auszudehnen und präsent zu sein. Sie werden schnell den richtigen Dreh raushaben und sofort erkennen, wie viel einfacher das Leben sein kann.

VORSICHT!

Wenn du deinen Kindern diese Werkzeuge beibringst, werden sie anbieten, sie bei dir zu verwenden.

Eine Mutter erzählte mir, dass sie mit ihrer sechsjährigen und neunjährigen Tochter im Auto auf der Autobahn war.

Mama: Oh, ich habe solche Kopfschmerzen!

Die Neunjährige: Mama, wem gehört das?

Mama (lachend, weil die Kopfschmerzen sofort abnahmen): Oh, nicht mir! Danke!

Die Sechsjährige: Mama, möchtest du, dass ich dir helfe, dich größer zu machen?

Mama: Klar!

Die Sechsjährige: Okay, Mama, mach deine Augen zu.

Die Neunjährige: Schlechte Idee. Sie fährt gerade.

Die Sechsjährige: Okay, Mama, halte deine Augen offen und mache dich selbst größer als das Auto … größer als die Autobahn …

Wie wird es noch besser?

„Ausdehnen" ist eines meiner Lieblingswerkzeuge bei Access Consciousness und ich verwende es häufig. Es kreiert sofort Raum in meinem Körper, was mir erlaubt, anders zu reagieren und zu handeln, auf Arten, die für mich und alle anderen in meinem Umfeld so viel einfacher sind!

WERKZEUG: WER BIST DU GERADE? WO BIST DU?

Meine Freundin Trina ist Ergotherapeutin im öffentlichen Schulsystem. Sie sagt, dass sie oft eine Variation des Werkzeugs mit dem „Ausdehnen" anwendet. Eines Tages arbeitete sie mit einem fünfjährigen Mädchen, bei dem unter anderem Autismus diagnostiziert worden war. Das Mädchen stellt wenig bis gar keinen Augenkontakt her. Sie schlägt oft ihren Kopf auf den Boden, weint, schreit und steigert sich in laute, dramatische Ausbrüche.

In diesen Fällen nennt Trina sie beim Namen und fragt sie: „Wer bist du gerade?" Manchmal muss Trina ihren Namen und die Frage mehrfach wiederholen. Trina hat eine freundliche, beruhigende Art, also macht sie das, ohne zu konfrontieren. Wenn sie das tut, beruhigt sich das Mädchen fast immer, und Trina fragt sie dann: „Wo bist du?" An diesem Punkt, so Trina, beruhigt sich das Mädchen noch mehr und stellt Augenkontakt mit ihr her. Trina fragt sie dann: „Was wäre, wenn du dableiben und hier mit mir spielen könntest?" Wenn sie das tut, behält das Mädchen den Augenkontakt bei und ist in der Lage, präsent zu sein und mit ihr zu spielen.

Am Anfang meiner Ausbildung wurde betont, dass ein „Entrückterscheinen" Zeichen mangelnden Respekts sei. Ich wusste damals, dass es das nicht war; ich wusste nur nicht, was es war. Ich bin so dankbar, diese Werkzeuge zu haben, die ich verwenden und weitergeben kann. Wir ermutigen dich, mit diesen Werkzeugen zu spielen. Hab Spaß damit. Und lass uns wissen, was du und deine Kinder gemeinsam kreieren können.

~ 13 ~
WAS, WENN ADS UND ADHS EIGENTLICH TALENTE SIND?

Menschen mit ADS und ADHS sind die größten Multitasker im Universum.

~ Dr. Dain Heer

Gary:

In den letzten Jahren wurde bei sehr vielen Kindern ADS und ADHS diagnostiziert, und die Ärzte versuchen sie häufig auf Medikamente wie Ritalin zu setzen, um sie langsamer zu machen. Nach dem, was ich gesehen habe, ist das ein großer Fehler. Meine älteste Tochter hatte ADS, und sie wollten ihr Ritalin geben, also fing ich an zu recherchieren, was die Langzeitwirkungen sind.

Ritalin ist ein Stimulans für das Nervensystem und wirkt auf verschiedene Kinder unterschiedlich. Manche Kinder macht es impulsiver, was erklären könnte, warum ein auffallend großer Anteil der Jungen (und ein kleinerer Anteil der Mädchen), denen es verabreicht wird, kriminelles Verhalten an den Tag legen, wenn sie älter werden. In manchen Staaten ist die Frage „Nimmst du Ritalin?" in routinemäßige Polizeiberichte für Jugendliche aufgenommen worden. Bei anderen Kindern überwältigt Ritalin das Nervensystem und macht sie zu netten und artigen Zombies.

Anne:

Die Mutter eines Jungen, der nun in den Zwanzigern ist, sagte mir, als er ein Kind war, habe man bei ihm ADHS festgestellt. Sie sagte: „Ich kämpfte gegen eine Familie von Ärzten, um ihn von Ritalin und der zuckerarmen Diät fernzuhalten. Ich wusste einfach, dass er anders und sehr viel gewahrer war als die anderen Kinder. Heute steht er kurz davor, bei der London School of Economics anzufangen, um seinen Master in Fächern zu machen, die keine Allerweltsfächer sind. Außerdem komponiert er, schreibt Drehbücher und Kurzgeschichten, und er ist ein wunderbarer, warmherziger und äußerst bewusster Mensch."

Es ist durchaus lohnend zu fragen, ob es wirklich erforderlich ist, deinem Kind Medikamente zu verabreichen, oder ob es andere Möglichkeiten gibt.

Gary:

Ich persönlich glaube, dass kein Medikament wirklich gut für den Körper ist. Ich glaube, unser Körper hat die Fähigkeit der Selbstregulation, wenn man ihm das zugesteht, also versuchte ich herauszufinden, wie ich mit der vermeintlichen Unfähigkeit meiner Tochter, sich zu konzentrieren, umgehen könnte. Als ich begann, mit ihr zu arbeiten, merkte ich schnell, dass sie all ihre Hausaufgaben in etwa zwanzig Minuten machen konnte, wenn sie den Fernseher und das Radio zur gleichen Zeit laufen hatte. Warum war das so? Weil das Maß an Sinneseindrücken, bei dem sie Informationen empfangen kann, sehr viel höher liegt als bei den meisten von uns.

Kinder, die ADS oder ADHS haben, versuchen ihre Aufmerksamkeit auf eine Sache zu lenken, und noch bevor das geschieht, ist ihre Aufmerksamkeit schon auf etwas anderes gerichtet. Und wenn sie sich dann auf die zweite Sache konzentrieren, hat sich ihre

Aufmerksamkeit schon wieder auf einen weiteren Ort verlagert. Vielleicht kehren sie zu der ersten Sache zurück, vielleicht auch nicht.

Du kannst die Frustration, zu versuchen, sie dazu zu bringen, sich auf eine Sache zu konzentrieren, vermeiden, wenn du dir klarmachst, dass sie einen größeren Input an Sinneseindrücken als der Durchschnittsmensch brauchen, und ihnen erlaubst, den Input zu haben, der es ihnen ermöglicht, sich wohl zu fühlen.

Eltern fühlen sich nicht immer wohl dabei, ihre Kinder dies tun zu lassen. Sie glauben, ihre Kinder seien nur in der Lage, eins nach dem anderen zu machen, dies trifft jedoch eindeutig nicht zu. Eine Mutter fragte mich: „Was macht man mit einem Kind, das die Fähigkeit hat, seine Hausaufgaben bei laufendem Fernseher und Radio zu machen, wo ein Elternteil jedoch darauf besteht, es könne nicht mehr als eine Sache gleichzeitig tun?"

Ich fragte: „Du bist also nicht der Elternteil?" Sie sagte: „Nein, ich bin der andere Elternteil."

Ich sagte: „Sag zu dem anderen Elternteil: ‚Hey, ich habe die Tage mit diesem seltsamen Typen gesprochen, und er hatte eine Idee, was wir mit unserem Sohn machen können. Möchtest du es ausprobieren?'"

Die Mutter erwiderte: „Er wird sagen: ‚Wenn *seltsam* das Stichwort ist, nein.' Gibt es nichts, was ich ihm sagen kann, dass ihn davon abhalten könnte, eine feste Ansicht zu haben?"

Ich sagte: „In dem Fall kannst du jedes Mal, wenn er sagt: ‚Nein, das kann nicht funktionieren' oder ‚Nein, ich möchte nicht, dass unser Sohn das macht' (in deinem Kopf) sagen: ‚Alles, was er gerade gesagt hat, zerstören und unkreieren', was dabei helfen könnte, die feste Energie seiner Weigerung aufzuheben, etwas Neues zu probieren."

Dann sagte ich: „Du kannst möglicherweise deinen Sohn dazu bringen, seine Hausaufgaben zu machen, bevor sein Vater nach Hause kommt, wenn du sagst: ‚Wenn du deine Hausaufgaben direkt nach der Schule machst, lasse ich dich dabei fernsehen und Radio hören.'"

Dain:

Leute mit ADS und ADHS sind die größten Multitasker im Universum. Sie können Radio hören, fernsehen und dem Gespräch um sie herum folgen, während sie ihre Hausaufgaben machen. Sie sagen: „Oh, endlich habe ich genug zu tun!" Sie suchen immer nach mehr Sinneseindrücken.

Gary:

Sie möchten mehr zu tun haben, und noch mehr, und noch mehr, weshalb sie in der Schule als störend empfunden werden. Sie gehen von einem zum nächsten mit der Frage: „Na, was machst du gerade?" Sie möchten überall dabei sein. Ihre Ansicht ist: „Was kann ich meinem Leben noch HINZUFÜGEN? Was kann ich noch tun? Wo kann ich noch hingehen?" Kinder mit dieser Fähigkeit haben ein großes Bedürfnis, viele Dinge zu tun. Sie sind am fröhlichsten und produktivsten, wenn sie mehr zu tun haben, als sie jemals schaffen können.

Anne:

Als eine Multitaskerin ungemeinen Ausmaßes ist eines der größten Geschenke, das ich von Gary und Dain empfangen habe, die Erkenntnis, dass es in Ordnung ist, mehr als eine Sache gleichzeitig zu machen. In meinen Grundschulzeugnissen standen Bemerkungen wie „Schöpft nicht ihr volles Potenzial aus" und „Erledigt ihre Aufgaben nicht pünktlich." Ich dachte immer, mit mir stimme etwas nicht, weil meine Lehrer immer sagten, ich könne nicht aufpassen, mich konzentrieren oder etwas zu Ende führen. Ich erinnere mich, wie einer meiner Brüder erzählte, dass er und seine Frau wetteten, wie lang ich wohl sitzenbleiben konnte, wenn ich zum Lernen nach oben ging. Es dauerte nie lange, bevor ich aufstand, um etwas anderes zu finden, mir Wasser zu holen, das Radio anzumachen, eine Freundin anzurufen oder eine Zeitschrift zu lesen.

Heute funktioniere ich am besten, wenn ich mehrere Projekte gleichzeitig laufen habe. Woher ich weiß, was ich machen soll? Ich frage. Es ist immer eine einfache Frage, wie etwa: Was soll ich tun? Mit wem soll ich sprechen? Welches Projekt braucht jetzt meine Aufmerksamkeit? Wenn ich diese Fragen stelle, scheine ich immer zu wissen, was als Nächstes zu tun ist. Ich funktioniere nicht mehr aus dem Raum des Mich-Falsch-Fühlens, weil ich nicht erst eine Sache abschließe, bevor ich die nächste beginne. Ich schreibe, kreiere Kurse, mache die Wäsche, arbeite im Garten, mache Suppe und telefoniere – und irgendwie wird alles erledigt. Für mich ist dies eine freudige – und auch produktive – Art vorzugehen. Und wenn ich nur eine Sache zu erledigen habe, brauche ich Ewigkeiten, um sie fertigzubekommen.

JAKE

Eine Freundin von mir, die Beraterin an einer Grundschule ist, erzählte mir diese Geschichte von einer Erfahrung, die sie mit einem Jungen mit ADHS hatte.

Sie wurde an eine Schule geschickt, um mit einigen Schülern zu arbeiten. Die erste Person, mit der sie arbeiten sollte, war eine Junge namens Jake. Sie sagten: „Er ist so ADHS! Warten Sie nur, bis Sie ihn sehen. Er ist hyperhyperhyper." Meine Freundin sagte: „Es war so, als ob sie jedes Mal, wenn sie seinen Namen, Jake, erwähnten, ihn zum Paradebeispiel für ADHS ernannten."

Sie ging in Jakes Klassenzimmer und stellte sich seiner Lehrerin vor, Miss Smith. Während sie mit Miss Smith sprach, stand Jake neben Miss Smith, bewegte seine Hände, tippte ihr auf die Schulter und sagte: „Miss Smith, Miss Smith, Miss Smith."

Jedes Mal, wenn er sie beim Namen nannte, meinte Miss Smith zu ihm: „In einer Minute, Jake; in einer Minute, Jake." Meine Freundin beobachtete, wie Miss Smiths Frustration sich steigerte, während die beiden versuchten, ihre Unterhaltung fortzusetzen. Sie konnte sehen, dass Miss Smith kurz vorm Explodieren war, und Jake Ärger bekommen würde, also wandte sie sich von Miss Smith ab und sagte: „Hey, Jake."

Er erwiderte: „Ja?"

Sie sagte: „Du weißt, dass du fünfunddreißig Leute gleichzeitig hören kannst?" Er meinte: „Jaha."

Sie erklärte: „Weißt du was? Miss Smith kann das nicht; sie kann nur eine Person auf einmal hören. Meinst du, dass du achten könntest und wissen, dass mit dir nichts falsch ist und mit Miss Smith nichts falsch ist?"

Jake sagte: „Klar", und hörte auf.

Meine Freundin wusste, dass er sie in seiner Welt nicht unterbrach. Er kann eine Million Dinge gleichzeitig tun und hatte nicht das Gewahrsein, dass andere Leute vielleicht nicht die Fähigkeit haben, auch so zu funktionieren. Indem sie Jakes Fähigkeit anerkannte, viele Menschen gleichzeitig zu hören, anstatt ihn zu rügen, weil er nicht stillstehen und warten konnte, ließ meine Freundin Jake wissen, was unter diesen Umständen erforderlich war, ohne mit ihm zu schimpfen oder ihn als anders, behindert oder falsch hinzustellen. Tatsächlich ließ sie ihn wissen, dass er ein ziemlich cooles Kind ist – er musste nur warten, bis sie und Miss Smith mit ihrer Unterhaltung fertig waren – weil Miss Smith nicht so funktionierte wie er.

~ 14 ~
Mit Kindern umgehen, die ADS oder ADHS haben

Wenn du in etwas anderes hineingehst, eröffnest du den Raum, damit es existieren kann, wo vorher kein Raum da war, in dem es existieren konnte.

~ Dr. Dain Heer

Anne:

Im vorherigen Kapitel haben wir über ADS und ADHS als Talent gesprochen, und das können sie sicherlich sein. Wir sehen auch, dass ADS und ADHS eine Herausforderung für Kinder, Eltern und Lehrer sein kann, da Kinder mit ADS und ADHS getrieben oder hektisch erscheinen können, und einige neigen zu Ausbrüchen. Es ist leicht, ihretwegen frustriert zu werden. Manchmal erscheinen sie so zerstreut, abgelenkt und unkonzentriert. Eltern und Lehrer möchten, dass sie aufmerksam sind, eine Aufgabe erfüllen oder ruhig sitzen – und ihre Aufmerksamkeit gilt allem. Sie möchten überall dabei sein. Es kann einen regelrecht zum Verzweifeln bringen!

Eine Freundin, die zum sonderpädagogischen Team an einer Grundschule gehört, erzählte mir folgende Geschichte über einen Jungen, den sie Joey nannte, bei dem man ADHS nachgewiesen hatte. Dies ist eine meiner Lieblingsgeschichten, weil sie das Geschenk des Gewahrseins illustriert, das auch Teil von ADS und ADHS ist – wie auch die Herausforderungen, denen sich Eltern und Erzieher gegenübersehen, wenn sie mit Kindern zu tun haben, deren Aufmerksamkeit in so viele verschiedene Richtungen zu wandern scheint.

Meine Freundin war gebeten worden, eine Einschätzung von Joey vorzunehmen, also gingen die beiden an einen ruhigen Ort auf dem Schulhof und setzten sich zusammen, während sie Informationen für die Einschätzung sammelte. Sie war sich bewusst, dass er ihr zuhörte und bereit war, bei den vorliegenden Aufgaben mitzumachen. Trotz seiner Bereitschaft, sich auf sie einzulassen, drehte er ganz oft den Kopf, um sich etwas anzuschauen, oder sein Blick huschte in verschiedene Richtungen.

In einem Klassenzimmer hätte man das als schnell ablenkbar oder einen Mangel an Aufmerksamkeit ausgelegt. Der Lehrer wäre vielleicht zu dem Schluss gekommen: „Oh, er hört mir nicht zu." Meine Freundin wusste jedoch, dass dies kein Mangel an Aufmerksamkeit war. Sie konnte sehen, dass er sich einer Energie gewahr war und von ihr angezogen wurde.

Sie fragte ihn: „Hey, was ist los? Was ist das?", worauf er antwortete: „Oh, da laufen Kinder." Als er das sagte, merkte sie, dass im Gang auf der anderen Seite des Schulgeländes Kinder entlanggingen. Nicht viele Leute hätten das gehört, und sie erkannte seine Wahrnehmung an. Sie wusste, dass sie ihn und wessen er sich gewahr war, abgewertet hätte, hätte sie ihm gesagt, er sei abgelenkt oder unaufmerksam.

Sie machten weiter mit der Einschätzung, und nach einigen Minuten sah sie wieder, wie sich seine Aufmerksamkeit verlagerte. Sie fragte: „Was ist das?" Er sagte: „Kinder reden." Sie meinte: „Okay", und horchte. Und tatsächlich, am anderen Ende des Schulhofes sprachen Kinder.

Eine Weile später gingen seine Augen zum Himmel. Sie fragte: „Was ist los?"

Er antwortete: „Ein Flugzeug." Sie dachte bei sich „Oh, das ist interessant. Da ist kein Flugzeug", und eine Minute später hörte sie es. Er war sich des Flugzeuges bewusst, bevor es für sie hör- oder sichtbar war. Er hatte die Energie davon kommen gespürt.

Was wäre, wenn die Frustration und Verärgerung, die du vielleicht mit dem ADS oder ADHS deines Kindes erlebst, nicht die Beziehung zu deinem Kind bestimmen müssten? Was wäre, wenn dies nicht eure Beziehung definieren muss? Was wäre, wenn es eine Möglichkeit gäbe, die Fähigkeiten deines Kindes anzuerkennen und zu schätzen – auch inmitten ihres zerstreuten oder unkonzentrierten Verhalten?

Und was wäre, wenn es einige Dinge gäbe, die du tun kannst, die deinem Kind tatsächlich mit ADS oder ADHS helfen können?

ADS UND ADHS – WAS IST DER UNTERSCHIED?

Vor 1994 war der einzige Unterschied zwischen ADS und ADHS das „H", das für *Hyperaktivität* steht. ADS oder Aufmerksamkeitsdefizitsyndrom beschrieb die Symptome, die mit Unaufmerksamkeit zu tun hatten; ADHS oder Aufmerksamkeitsdefizitsyndrom mit Hyperaktivität beschrieb diese Symptome sowie Hyperaktivität und Impulsivität. 1994 wurde ADS dann in der Medizin als Diagnose fallengelassen und ADHS in drei Kategorien unterteilt: 1) vorwiegend unaufmerksam (das alte ADS); 2) vorwiegend hyperaktiv und/oder impulsiv; und 3) der kombinierte Typ. Obwohl dies die offizielle Veränderung war, benutzen viele Leute heute immer noch den Begriff ADS, um Unaufmerksamkeit zu beschreiben.

IMPLANTATE

Eines der Dinge, die Gary und Dain entdeckt haben, ist, dass Implantate für viele der Schwierigkeiten verantwortlich sind, die mit ADS und ADHS zusammenhängen.

Die meisten Menschen kennen Zahn- oder Brustimplantate, mit denen Substanzen in den physischen Körper implantiert werden. Hier sprechen wir allerdings nicht von Implantaten dieser Art; wir sprechen von energetischen Implantaten. Zum Beispiel ist ein Lied, dass sich immer und immer wieder in deinem Kopf wiederholt, ein Implantat. Wenn jemand wie deine Eltern, deine Lehrer oder deine Freunde dir erzählen, etwas sei wahr, was eigentlich nicht wahr ist, und du das glaubst – oder immer wieder abspielst – ist das ein Implantat. Etwas, was du aus Gewohnheit tust, wie mit deinen Haaren zu spielen, ist ein Implantat. Es gibt da kein Gewahrsein. Das Lied, die falsche Aussage oder die Gewohnheit sind in dein Universum implantiert worden, und es wiederholt sich immer und immer wieder.

Häufig umfassen Implantate auch Gedanken, Gefühle und Emotionen, die in dein Universum eingebracht wurden. Wenn dir zum Beispiel wiederholt einer deiner Eltern als Kind gesagt hat, du seist dumm, und du mit einer Lernschwäche abgestempelt worden bist, hast du irgendwann geglaubt, es sei wahr. Die Bewertung „Du bist dumm" wurde dann zu einem Implantat in deinem Universum.

Ich habe einen Freund, der jetzt in den Vierzigern ist, der genial ist. Er hat ein Multimillionen-Dollar-Business geschaffen und ist in seinem Bereich ganz vorneweg. Vor Kurzem gestand er mir, dass er an der Highschool Sonderunterricht bekam, weil er als lernbehindert „abgestempelt" worden war. Seine Reaktion auf die Scham und Herabwürdigung war, dass er sich aufführte, und er hielt seine Eltern und Lehrer ganz schön auf Trab! Ihm wurde gesagt, er würde nie an einer Uni angenommen werden, weil er so langsam und kein guter Lerner sei. Das war nicht wahr. Wie ich sagte: Er ist genial. Ist er anders? Ja! Denkt er wie andere? Nein!

Leider hatte er, wie viele X-Men-Kinder, keine Werkzeuge, die er anwenden konnte, um mit seinem verrückten Leben klarzukommen, und er verbrachte viele Jahre mit Trinken, wodurch er versuchte, das Gewahrsein, das er hatte, zu betäuben, was wiederum nur die Bewertung bestärkte, dass er dumm und nicht helle war, und die Menschen in seinem Leben nie seine Brillanz erkennen und anerkennen konnten, was wahr war. Mein Freund trinkt nicht mehr, kämpft aber immer noch gegen die Dämonen des Dumm-Seins und Nicht-gut-genug-Seins. Leider sind geistige Krankheiten und Abhängigkeit Arten, auf die viele X-Men damit umgehen, dass niemand sie sieht, als was sie sind, dass sie nicht anerkannt werden und dass man sie dazu bringt, sich so falsch und bewertet zu fühlen.

Gary:

Ein Implantat kreiert eine bestimmte Art von Schwingung in uns; es wird zu etwas, das uns beeinflusst und im Griff hat. Es beherrscht uns gewissermaßen. Die energetischen Implantate im Zusammenhang mit ADS und ADHS sind potenter und überwältigender als die oben angeführten Beispiele und zum Großteil vor dieser Lebenszeit eingepflanzt worden. Die Implantate in Zusammenhang mit ADS und ADHS halten Kinder im hektischen Zustand dieser Realität gefangen. Sie können nicht ruhig, ausgeglichen und gesammelt sein, wenn sie es möchten. Also sind sie zum Beispiel extrem aktiv und physisch ständig in Bewegung, als ob sie von einem Motor angetrieben werden, oder sie werden so sehr mit Daten und Informationen überflutet, dass sie sich so gut wie gar nicht konzentrieren können, oder beides. Vielleicht sind sie auch jähzornig, wie Anne sagte, und haben eine Tendenz dazu, hochzugehen.

Wir haben festgestellt, dass es unmöglich ist, diese Implantate mit einem Prozess von Access Consciousness, der von Access Consciousness-Facilitatoren gegeben werden kann, zu entfernen oder aufzuheben. Ich habe mit einem achtjährigen Jungen mit ADS gearbeitet, während er fernsah. Er merkte, wie ich in ihn hineinging (ohne seinen Körper zu berühren), und er drehte sich um und sagte: „Was machst du da?"

Ich sagte: „Ich kläre nur einiges Zeug, das dein Leben schwer macht."

Er meinte: „Oh", und sah dann wieder fern. Er konnte spüren, wann immer ich mich mit ihm verband und einen weiteren Komplex an Implantaten laufen ließ. Nach einigen Minuten hatte ich alle Implantate auslaufen lassen.

Am nächsten Tag rief mich seine Mutter in heller Aufregung an: „Tu sie wieder zurück! Er war den ganzen Tag draußen und hat eine einen großen Karton zu einem Haus zugeschnitten. Es hat mir besser gefallen, als er die ganze Zeit an meinem Rockzipfel hing und meine Aufmerksamkeit wollte. Er war mein Baby. Du hast mir weggenommen, dass er mein Baby ist."

„Ich sagte: ‚Tut mir leid, meine Liebe, das kann ich nicht. Ich kann sie nicht wieder zurücktun.

Sobald sie weg sind, sind sie weg. Gewöhne dich lieber daran, wie er ist.'"

DIE ENERGIE ANDERER MENSCHEN ÜBERNEHMEN

Diese Kinder sind übersinnlich, also hat zusätzlich zu den Implantaten viel ihrer sogenannten Hyperaktivität, die sie an den Tag legen, damit zu tun, dass sie die Energie von allen anderen als ihre eigene übernehmen, und in einer ruhigen Situation können sie anders sein. Kinder mit ADHS neigen dazu, die Angst und die Sorgen der Menschen in ihrer Umgebung aufzuschnappen. Häufig macht sich einer ihrer Eltern oder Stiefeltern ständig Sorgen, also neigen sie dazu, diese Angst und Sorge dynamisch wahrzunehmen.

Anne:

Vor Kurzem hatte ich eine Sitzung mit einem siebenjährigen Jungen und seinem Vater. Die Frau des Vaters, die Stiefmutter des Jungen, hatte sie vor Kurzem verlassen. Seither hatte der Junge in der Schule und zu Hause Wutanfälle gehabt. Während der Sitzung konnte er nicht stillsitzen. Er war ständig in Bewegung und saß häufig kopfüber auf dem Stuhl, wobei sein Kopf nah am Boden war und seine Füße in der Luft. Sein Vater begann ihn zu rügen: „Petey, du musst dich hinsetzen und zuhören."

Ich sagte schnell: „Er hört wirklich zu und nimmt an unserer Unterhaltung teil, und es macht mir nichts, wenn er nicht still sitzt."

Viele Menschen halten es für ein Zeichen von mangelndem Respekt, wenn jemand anders nicht still sitzt, sich konzentriert und aufmerksam ist. Was ich sah, war, dass das Thema der Unterhaltung schwierig für den Jungen und seinen Vater war und Petey, so gut er konnte, damit umging. Wir sprachen über ihre Beziehung und wie es so gewesen war, seit die Stiefmutter des Jungen sie verlassen hatte; es war eine Unterhaltung, die sie vorher nicht hatten führen können.

Als sie über die Veränderungen sprachen, die in der Familie aufgetreten waren, wurde der Vater friedlicher, und während das geschah, beruhigte sich auch Petey. Er war immer noch zappelig, aber viel ruhiger. Hätte ich mich auf seine Verhaltensweisen konzentriert, wäre nichts davon möglich gewesen. Der Vater hätte sich immer mehr darüber aufgeregt, dass er nicht in der Lage war, seinen Sohn zu kontrollieren, und Petey hätte noch mehr aufgedreht.

Aus meiner Sicht war die Anerkennung der Veränderungen, die in ihrem Leben vor sich gingen, durch den Vater ein wichtiger Faktor, um sie beide zu einem vollkommen anderen Ort zu bringen. Anerkennung ist magisch. Sie bestätigt unser Gewahrsein.

Es gibt auch eine Menge Werkzeuge, die im Laufe des Buches vorgestellt werden, die rettend wirken können, wenn Kinder die Energie, Sorgen, Emotionen, Gedanken und Gefühle anderer Leute aufschnappen. Einige meiner Lieblingswerkzeuge sind:

- Wessen Wahrnehmung ist das?
- Wem gehört das?
- Zurück an den Absender.
- Für wen machst du das?

PHYSISCHE AKTIVITÄT

Abgesehen davon, dass ich Eltern ermutige, ihre Kinder zu ermutigen, zu multitasken, wenn sie Hausaufgaben machen, und Prozesse und Werkzeuge von Access Consciousness zu verwenden, betone ich, wie wichtig physische Aktivität ist, ob im Klassenzimmer, während der Pause oder nach der Schule. Das hilft allen Kindern, ihre Energie loszuwerden und über längere Zeiträume still im Klassenzimmer zu sitzen, und macht für Kinder mit ADS und ADHS einen immensen Unterschied.

Dain:

Bringe ihre Körper in Bewegung, und sei es nur ein paar Mal um den Block laufen. Ich gehe joggen oder schwimmen oder mache Liegestütz oder lege mich auf eines dieser Rolldinger und löse die Spannung aus meinen Muskeln – all das – und wenn ich aufstehe, geht es mir so viel besser.

Anne:

Die Eltern eines sehr aufgeweckten sechsjährigen Jungen, der leichten Autismus hat und bei dem auch ADHS diagnostiziert wurde, kauften ein Trampolin und bauten es hinter dem Haus auf. Sie berichteten, dass es einen großen Unterschied im Verhalten ihres Sohnes gibt, wenn er regelmäßig auf dem Trampolin spielt. Er ist weniger reizbar, wenn er regelmäßig Zeit auf dem Trampolin verbringt.

Die Mutter eines siebenjährigen Mädchens mit ADS berichtet von einem ganz ähnlichen Nachlassen der Symptome, wenn das Mädchen regelmäßig schwimmt. Sie liebt es, im Wasser zu sein! Sie ist im Schwimmteam und eine der besten Schwimmerinnen. Davor hatte sie häufige Wutanfälle, unheimliche Probleme in der Schule, konnte nicht aufpassen, und es ging ihr insgesamt elend. Seit sie das Schwimmen entdeckt hat, kann sie mit dem täglichen Auf und Ab besser umgehen, ihre Hausaufgaben relativ leicht erledigen und hat mehr Selbstbewusstsein. Sie sagte zu mir: „Mein Körper schwimmt gerne!"

Kindern, die ADS oder ADHS haben, geht es viel besser, wenn sie draußen sein, Zeit mit Tieren verbringen und herumlaufen und spielen können. Das ist sehr erweiternd für sie. Ihre Körper lieben es. Es geht ihnen nicht gut, wenn sie in kleinen Räumen eingesperrt sind. Ihnen muss die Erlaubnis gegeben werden, sich zu bewegen!

FRAGEN, DIE DU DIR SELBST STELLEN KANNST:

Und hier sind einige Fragen für dich als Elternteil:

- Spielst du mit deinem Kind?
- Siehst du gerne zu, wenn dein Kind tut, was er oder sie liebt?
- Hast du Spaß mit deinem Kind?
- Wenn nicht, hättest du das gerne?
- Was wäre, wenn du mit ihm oder ihr spielen könntest?
- Wie wäre es, darüber hinauszugehen, dass dein Kind ein Problem ist, dahin, wo ihr seine oder ihre Unterschiedlichkeit feiert und eure gemeinsame Zeit genießt?
- Was würde es dazu brauchen?
- Und was, wenn du nicht schon vorher wissen müsstest, wie es sich entwickelt?

Wenn du nicht viel mit deinem Kind gespielt hast, was kannst du tun? Was, wenn du einfach da anfängst, wo ihr gerade steht? Sei präsent! Sei du! Du könntest zu deinem Kind sagen:

„Ich liebe es, dir beim Schwimmen zuzusehen!" „Darf ich nochmal zuschauen?" „Darf ich mit dir spielen?"

~ 15 ~
Aufregung vermeiden

Wenn Verhalten eine Form der Kommunikation ist, was sagen Kinder dann, wenn sie sich aufführen, einen Wutanfall bekommen oder unkontrolliert schluchzen?
~ Anne Maxwell

Anne:

Kinder können sich aus den verschiedensten Gründen aufregen und Anfälle bekommen, und doch versuchen viele Eltern und Lehrer, wenn dies geschieht, das Kind zu beruhigen, abzulenken, dazu zu bringen, „sich zusammenzureißen" oder wenden irgendeine Taktik an, um die Aufregung zu beenden, anstatt damit präsent zu sein und sich zu fragen, was in der Welt des Kindes vor sich geht.

Wie ich bereits in Kapitel elf gesagt habe, ist eines der Grundprinzipien meiner Praxis, dass Verhalten eine Art von Kommunikation ist; wann immer ich also von Kindern höre, die Anfälle kriegen, ist die erste Frage, die ich stelle:

- Was sagt dieses Kind?

- Was sagt er oder sie mir?

Diese Fragen bieten, wenn man sie mit Neugier, Offenheit und ohne Ansicht stellt, so viel Informationen darüber, was mit dem Wutanfall oder der Aufregung kommuniziert wird. Wenn ich solche Fragen stelle, bekomme ich ein Gespür dafür, was im

Universum des Kindes vor sich geht. Solche Fragen zu stellen, bringt mich über den Raum von „richtig" und „falsch" hinaus, hinein in den Raum der Möglichkeiten. Also führt es mich über eine oberflächliche Erklärung wie „Er bekommt einen Anfall, wenn es nicht nach seiner Nase geht" hinaus, dorthin, wo ich mich frage, was vor sich geht, das diese starke Reaktion wegen eines scheinbar bedeutungslosen Vorfalls auslöst.

Ein weiteres Grundprinzip meiner Praxis ist, dass Menschen ihr Bestes geben, mit den Werkzeugen und Informationen, die sie zu dem jeweiligen Zeitpunkt zur Verfügung haben. Andere Fragen, die ich mir selbst angesichts der Aufregung eines Kindes stelle, sind:

- Ist es das Beste, was das Kind gerade tun kann?
- Wenn ja, was geht in seiner Welt vor, das dieses Verhalten bewirkt?
- Was ist richtig an diesem Verhalten, das ich nicht mitbekomme?

Was wäre, wenn das Verhalten, das so falsch erscheint, dir etwas sagt, was du unbedingt über dein Kind wissen musst? Was, wenn es ein Bedürfnis deines Kindes kommunizieren würde, das du nicht verstehst? Was, wenn du dir diese Kommunikation auf eine Art anhören würdest, die dir erlauben würde, einige Dinge zu verändern, die das Leben für alle Betroffenen verbessern würde?

X-Men-Kinder funktionieren so anders, und die Art, wie wir auf sie reagieren, muss auf sie und ihre Bedürfnisse abgestimmt sein, damit sie Erfolg haben. Nach meiner Erfahrung funktionieren viele der kognitiven und verhaltensbezogenen Interventionen, die bei anderen Kindern gut klappen, nicht gut mit diesen Kindern. Also müssen wir herausfinden, was *tatsächlich* funktioniert.

Alle Kinder sind einzigartig und reagieren unterschiedlich, aber ich habe festgestellt, dass es einige Auslöser für Aufregung gibt, die viele Kinder gemein haben. Dazu gehört auch die Frustration darüber, wie langsam alles geht, herumkommandiert zu werden oder gesagt zu bekommen, was sie tun sollen, keine Wahl zu haben, wenn man ihnen nicht zuhört, nicht anerkannt zu werden und bewertet oder kritisiert zu werden. X-Men-Kinder haben außerdem Aufregungszustände und Wutanfälle, die die (unausgesprochene) Wut anderer Leute ausdrücken.

Wenn diese Dinge mit den Kindern angesprochen werden – und Eltern und Lehrer anfangen, es anders anzugehen, verändert sich das Verhalten der Kinder tatsächlich. Auch, wenn es in dem Moment nicht möglich erscheint, *ist* es möglich, die Aufregungen zu verhindern oder sie schneller wieder zu entschärfen, sobald sie angefangen haben. Wenn dies über einen längeren Zeitraum geschieht, dauern die Anfälle in der Regel nicht so lange, treten seltener auf und sind weniger intensiv.

ZU LANGSAM

Wir haben in den vorherigen Kapiteln darüber gesprochen, dass Kinder mit ADS, ADHS, Zwangsstörung und Autismus schneller funktionieren als andere. Sie müssen nicht von A zu B zu C gehen, um etwas zu verstehen. Oft können sie sofort von A zu Z springen, und wenn man sie als falsch hinstellt oder ihnen sagt, sie müssten sich bremsen, können sie wütend werden.

Ich habe dies gerade erst selbst erlebt. Ich ging zur Bank und hatte nur einige Minuten, um eine Zahlung anzuweisen. Die Bankangestellte war in Plauderstimmung. Sie redete weiter und weiter über die Erledigungen, die sie nach der Arbeit an diesem Tag vorhatte, und während sie redete, hörte sie auf zu tun, was erforderlich war, um die Zahlungsanweisung zu erledigen. Ich dachte, mein Kopf explodiert gleich! Selbstverständlich bekam ich keinen Anfall, es war aber extrem quälend für mich, mich so viel langsamer zu machen, um ihr da zu begegnen, wo sie war. Und überraschenderweise legte sie an Tempo zu, als ich mich bremste.

Wenn dein Kind superschnell ist und schnell frustriert wird, wie langsam alles geht, kannst du es fragen: „Weißt du, wie schnell du bist? Kann diese andere Person mit dir mithalten?" Das Gewahrsein, dass der andere nicht dazu in der Lage ist, könnte alles verändern.

Du kannst auch sagen: „Ich frage mich, ob du wissen kannst, wie schnell du bist und wie viel langsamer diese andere Person ist."

Oder du kannst es damit probieren: „Kannst du in einer Geschwindigkeit sein, die sie oder er hören kann?" Die Verwendung der Wörter *sein* und *hören* passt nicht zu unseren üblichen Definitionen dieser Wörter – weil es dabei um die Energie geht. Manchmal kapieren Eltern das nicht – die Kinder aber doch! Probiere es aus und schau, wie sie reagieren.

KEINE WAHL HABEN

Die meisten Erwachsenen mögen es nicht, herumkommandiert zu werden oder gesagt zu bekommen, was sie tun sollen. Das gibt ihnen das Gefühl, keine Wahl zu haben. Sie empfinden es als herabwürdigend und entmächtigend, und manchmal macht es sie richtig wütend! Sie möchten respektvoll und höflich behandelt werden. Dasselbe gilt für Kinder.

Eine Mutter erzählte mir, dass ihre überaus temperamentvolle, äußerst kluge vierjährige Tochter eine Szene machte, als die Mutter ankündigte, sie würden an diesem Abend zum Essen ausgehen.

„Nein, ich will da nicht hingehen!", sagte sie mit Nachdruck zu ihrer Mama.

Als sich das kleine Mädchen immer mehr aufregte, erinnerte sich die Mutter daran, dass *sie* dem Mädchen gesagt hatte, sie könne das Restaurant aussuchen, in das sie gehen. Sie sagte: „Liebes! Ich habe mich gerade daran erinnert, dass ich dir gesagt hatte, *du* kannst das Restaurant aussuchen. Danach haben unsere Freunde angerufen und uns eingeladen, mit ihnen zu kommen und ich hatte komplett vergessen, was ich dir gesagt hatte. Es tut mir so leid!"

Der Vater der anderen Familie erkannte sofort, was los war. Er wusste, dass das Mädchen Milchshakes liebt, und sagte: „Da gibt es wirklich gute Milchshakes. Wenn wir dahin gehen würden, könntest du vielleicht einen bekommen." Das kleine Mädchen änderte augenblicklich seine Meinung. Sie hörte auf, Ärger zu machen, kam bereitwillig mit, und alle hatten richtig Spaß.

Was haben diese Erwachsenen getan, das so effektiv war? Sie erkannten, dass sie dem Mädchen unbeabsichtigt die Wahl weggenommen hatten, sie erkannten an, dass sie es getan hatten und boten ihr eine ganz neue Wahlmöglichkeit an, die sie gerne annahm.

NICHT ANERKANNT WERDEN

Kinder können sich auch aufregen, wenn sie nicht anerkannt werden. Eine Mutter kam, um mit mir über ihren sechsjährigen Sohn zu sprechen. Der Junge war nicht dabei, aber sie brachte ihre fast dreijährige Tochter mit. Am Ende der Sitzung, als wir in der Tür standen, wollte die Mutter mir noch etwas sagen. Während sie mit mir sprach, unterbrach ihre Tochter sie ständig. Die Mutter, der das zunehmend unangenehm wurde, ignorierte ihre Tochter, die immer nachdrücklicher wurde. Sie fing an zu jammern und ging alleine Richtung Tür. Ich fragte die Mutter, ob ich mit der Tochter sprechen könne. Sie sah überrascht aus und sagte: „Ja."

Ich kniete mich neben das Mädchen und fragte sie, ob sie gerne etwas hinzufügen würde. Sie schaute ihre Mama an und sagte: „Mami, ich liebe Jamie (ihren Bruder). Wir spielen." Ihre Mutter lächelte, entspannte sich und sagte: „Danke."

Was wusste das kleine Mädchen über ihren Bruder, das sie ihrer Mutter mitzuteilen versuchte? Könnte es sein, dass, auch wenn ihre Mama und ihr Bruder Probleme miteinander hatten, sie nichts „Falsches" an ihrem Bruder sah? Oder war es eine Einladung an ihre Mutter, mit Jamie zu spielen, weniger intensiv mit ihm zu sein? Oder lud sie ihre Mutter in einen anderen Raum ein?

Es war eindeutig, dass das kleine Mädchen ihrer Mutter und ihrem Bruder beitragen wollte, und wenn der Beitrag auch kognitiv nicht deutlich war, veränderte er energetisch alles. Ihre Mama wechselte in einen anderen Raum und ließ ihren Fokus auf ihre „Probleme" mit ihrem Sohn fallen. Die Mutter lächelte sie an, und sie gingen Hand in Hand weg.

Gary:

Kinder anzuerkennen, ist ganz wichtig. Meine jüngste Tochter spricht mit ihrem einjährigen Sohn immer, als sei er ein Erwachsener. Sie sagt Sachen wie: „Kannst du das bitte weglegen?" oder „Kannst du das bitte machen?" Und er macht es. Er versteht das Konzept von dem, was sie ihm sagt, und sie übermittelt ihm gedanklich auch Bilder, also weiß er, was sie von ihm möchte.

Was wäre, wenn wir alle wüssten, dass alle Kinder telepathisch kommunizieren, und sie behandeln würden, als seien sie unendliche Wesen, mit unendlichen Fähigkeiten zu verstehen? Denkst du, es würde einen Unterschied machen, wie sie auf die Welt reagieren?

Es gibt keinen Grund, warum Kinder mit ADS, ADHS, Autismus und Zwangsstörung irgendein Problem haben sollten, wenn wir bereit sind, gewahrer zu sein und sie als die unendlichen Wesen anzuerkennen, die sie sind. Wir schaffen Probleme, wenn wir darauf bestehen, dass sie sich unseren Plänen anpassen, und von ihnen fordern, sich zu verändern und zu jemandem zu werden, der sie nicht sind.

BEWERTUNG

Anne:

Manchmal kann die Aufregung der Kinder auch weniger sichtbar sein. Manchmal scheinen die Kinder sich in sich selbst zurückzuziehen, sich unsichtbar zu machen oder Tränen zu haben, ohne zu schluchzen. Dies sind Kinder, deren Aufgewühltheit die Form von Verzweiflung annimmt. Der elfjährige Sohn unserer Freunde war für eine Woche zu seinem Onkel und seiner Tante in Vermont geschickt worden. Er ist ein quirliger, kreativer, bewusster und feinfühliger Junge. Aber der Besuch lief nicht gut. Laut Onkel und Tante hatte er Heimweh und zählte die Tage, bis er nach Hause gehen konnte. Seine Mutter hatte ihrem Bruder (dem Onkel des Jungen) gesagt, der Junge würde liebend gerne mit ihm Jagen und Wandern gehen, und doch lehnte der Junge jegliches Angebot in dieser Richtung ab.

Ich bat meine Freundin, mir mehr über ihren Bruder zu erzählen, und zögernd und stockend sagte sie, dass er dazu tendierte, extrem bewertend zu sein und allen anderen Vorwürfe zu machen, wenn etwas nicht gut lief. Sie sagte: „Es ist unmöglich, in seinen Augen etwas gut zu machen oder gut genug zu sein. Seine Kritik ist vernichtend."

Manche werden sich vielleicht fragen, warum die Mutter des Jungen ihren Sohn in eine solch feindliche Umgebung schicken sollte. Während wir sprachen, entdeckte ich, dass sie einen sehr engen Familienverband haben, wo großer Wert auf Loyalität gelegt wird, also war es schwierig für sie anzuerkennen, wie ihr Bruder wirklich ist. Sie hatte ihre negative Sicht auf ihn als Bewertung betrachtet, sogar eine Form des Verrats. Tatsächlich war es in diesem Fall überhaupt keine Bewertung; es war einfach nur ein Gewahrsein dessen, dass er unfreundlich ist.

Was sagte dieser Junge, indem er die Tage, die Stunden zählte, bis er wieder nach Hause konnte? Was sagte er allen, als er die Einladungen seines Onkels ablehnte? Hatte er keinen Respekt? War er ein „Muttersöhnchen", wie sein Onkel behauptet hatte? Musste er „härter werden"? Oder verkümmerte er unter der gnadenlosen Bewertung seines Onkels? Hatte er wirklich Heimweh – oder war das die einfachste Art, auf die er kam, um mit dem Stress umzugehen, in einer Umgebung zu sein, in der es an Freundlichkeit mangelte?

Der Junge ist nicht mein Klient, also hatte ich keine Gelegenheit, mit ihm zu sprechen. Wenn ich es aber täte, würde ich ihm Fragen stellen, damit er mehr Gewahrsein über seinen Onkel und sich selbst haben könnte. Ich würde fragen: „Was weißt du über deinen Onkel?", und ich würde nicht versuchen, ihn von seinem Wissen abzubringen. Ich würde es anerkennen.

Ich würde den Unterschied deutlich machen zwischen der *Wahrnehmung* der Gemeinheit und des Mangels an Freundlichkeit und *dem Gefühl*, es zu verdienen. Ich würde mit ihm über Bewertung und Kritik sprechen und den Unterschied deutlich machen zwischen seiner Wahrnehmung der Bewertung als etwas, was der Onkel machte und einem Annehmen oder Übernehmen dieser Bewertung als irgendeine Wahrheit über sich selbst.

Ich würde auch sagen: „Jedes Mal, wenn dich jemand bewertet, ist das so, weil *derjenige* genau das ist oder tut, wessen er oder sie dich bezichtigt. Wenn dich also jemand als nicht gut genug bewertet, weist dies nur darauf hin, dass *der- oder diejenige* das Gefühl hat, nicht gut genug zu sein. So jemand projiziert seine Bewertung über sich selbst auf dich. Es ist verrückt – weil es nichts mit dem zu tun hat, wie du bist. Der andere schleudert Bewertungen, die er über sich selbst hat, auf dich."

Wenn ich mit Kindern arbeite, die zurückgezogen, traurig oder emotional distanziert erscheinen, stelle ich häufig fest, dass sie die Kritik oder die Bewertungen abgekauft haben, die auf sie projiziert worden sind. Kinder sind so gewahr und so bereit, die Gefühle und Bewertungen anderer Leute „für sich zu beanspruchen", dass sogar subtile oder unausgesprochene Bewertungen einen großen Einfluss auf sie haben können.

Kinder wissen so viel mehr darüber, was um sie herum vor sich geht, als ihnen zugetraut wird. Wenn sie nicht anerkannt werden für das, was sie wissen, zweifeln sie an sich selbst, führen sich auf oder weinen viel. Und wenn sie anerkannt werden, blühen sie auf.

NICHT ZUHÖREN, WENN KINDER ETWAS ZU SAGEN HABEN

Ich sprach mit der Mutter eines zwölfjährigen Jungen, bei dem ADHS und auch einige autistische Eigenschaften diagnostiziert worden waren. Sie sagte, er habe ein leicht erhitzbares Gemüt, das bei scheinbar wenig bis gar keinem Anlass außer Kontrolle gerät. Er wurde zunehmen respektloser ihr gegenüber – weigerte sich, im Haus zu helfen, reagierte verächtlich, wenn sie ihn bat, seine häuslichen Pflichten zu erledigen, belegte sie mit Schimpfwörtern und schlug manchmal Löcher in die Wand. Der Vater des Jungen, von dem sie sich vor sechs Jahren hatte scheiden lassen, hatte sie früher auf ähnliche Weise eingeschüchtert, indem er drohte, Sachen zu zerstören und Wutanfälle hatte. Nach der Scheidung beschloss sie, sich nie wieder so behandeln zu lassen. Der mangelnde Respekt ihres Sohnes erinnerte sie an die dunklen Zeiten ihrer Ehe, und sie meinte zu mir, sie sei nicht bereit, wieder so zu leben.

Sie sagte, dass sie ihren Sohn nach einem besonders schwierigen Moment zu seinem Vater gebracht hatte, der schon zuvor zugestimmt hatte, sie auf diese Weise zu unterstützen. Als ihr Sohn wieder nach Hause kam, lief für einige Wochen alles gut. Er half im Haus und akzeptierte, wenn es ein Nein gab. Eines Nachmittags aber, als sie in Eile war, begann sie, die Geduld mit ihm zu verlieren, und in dieser Ungeduld distanzierte sie sich von ihm.

Er sagte: „Mama, du hörst mir nicht zu."

Sie merkte, dass sie nicht zuhörte und sagte: „Du hast recht. Ich habe nicht zugehört und höre dir jetzt zu. Was wolltest du mir sagen?" Dann hörte sie sich an, was er zu sagen hatte, und danach dankte er ihr.

Sie erkannte, wie oft sie sich von ihm zurückgezogen und geweigert hatte, ihm zuzuhören, und wie wütend das ihn gemacht hatte. Diese Erfahrung wurde zum Wendepunkt in ihrer Beziehung.

WERKZEUG: WER BIN ICH GERADE?

Dies ist ein Werkzeug, das nützlich ist, wann immer deine Kinder sich über etwas ärgern oder aufregen. Frage einfach: Wer bin ich gerade? Dann frage: Und wenn ich jetzt ich wäre, wer wäre ich dann? Du musst keine Antwort dazu haben, wer du gerade bist. Stelle einfach die Frage. Du wirst das Gewahrsein haben, dass du nicht du bist, und das reicht aus, um in einen anderen Raum zu wechseln.

Es ist ein tolles Werkzeug für deine Kinder, wenn sie einen Wutanfall haben oder in Trauma und Drama einsteigen. Wenn du deinem Kind mitten in einem Anfall die Frage stellst: „Wer bist du gerade?", schreit es dich vielleicht an. Aber es wird das Gewahrsein haben, dass es gerade nicht es selbst ist, und dieses Gewahrsein wird es schwieriger machen, mit demselben Elan weiterzumachen.

WESSEN WUT IST DAS?

Bei einem Kurs, den Gary gab, beschrieb die Tante eines zweiundzwanzigjährigen jungen Mannes, bei dem Autismus diagnostiziert wurde, wie ihr Neffe mit mangelnder Beherrschung zu kämpfen hatte. Sie erzählte uns, er führe oft aus der Haut und hätte vor Kurzem wegen seiner Wutausbrüche einen Job verloren. Sie meinte, er sei unglaublich gewahr und intuitiv und beschrieb ihn als Heiler. „Er hat eine außergewöhnliche Fähigkeit zu heilen", und sie fügte hinzu: „Er ist einfach unglücklich."

Gary fragte sie, ob das Unglücklichsein seines sei, und sie sagte: „Nein, das Unglücklichsein ist nicht seines; es gehört zu seinen Eltern."

Gary fragte dann, ob er versuche, das Unglück seiner Eltern zu heilen.

„Ja", antwortete sie, „er zieht das Unglück seiner Eltern aus ihnen heraus im Versuch, sie zu heilen."

Gary sagte: „Du könntest ihn fragen, ob die Wutausbrüche seine Wut sind oder das Gewahrsein, das er von der Wut anderer Leute hat und dessen, dass sie eigentlich explodieren wollen, es sich aber nicht zugestehen. Frage ihn, ob er in der Lage ist, auszudrücken, was andere Menschen nicht ausdrücken können."

In meiner Praxis bringen Eltern ihre Kinder wegen ihres Verhaltens zu mir. In klinischer Sprache nennt man die Person, die zur Therapie gebracht wird, den „identifizierten Patienten". Wie dieser junge Mann agieren Kinder sehr oft einfach nur das aus, was andere in der Familie nicht bereit sind auszudrücken. Wie Dain sagt, sind sie diejenigen, die in der Lage sind, auszudrücken, was andere Familienmitglieder verdrängen und unterdrücken.

WERKZEUG: ZERSTÖRE UND UNKREIERE DEINE BEZIEHUNG

Leider dauern Aufregung und Ärger oft noch lange an, nachdem sie „vorbei" sind. Kinder neigen dazu, in Beschlüssen und Schlussfolgerungen hängenzubleiben, die sie diesbezüglich treffen, und das kann eine Beziehung scheitern lassen.

Dies muss nicht so sein, wenn du deine Beziehung zu deinem Kind jeden Tag zerstörst und unkreierst. Du zerstörst und unkreierst alles darüber, wer, was, wo, wann, warum und wie du meinst, dass dein *Kind* ist, und alles, wer, was, wo, wann, warum und wie du mit dem Kind bist, sowie alles darüber, wer, was, wo, wann, warum und wie das *Kind* meint, dass *du* mit ihm oder ihr bist.

Nehmen wir an, du und dein Kind hatten einige schwierige Momente, Streitgespräche oder Konflikte während des Tages, und du möchtest mit ihm oder ihr in einem anderen Raum sein. Oder nehmen wir an, du hattest einen wunderbaren Tag und hättest gerne, dass sich noch mehr Leichtigkeit und Freude zeigt. Sage abends vor dem Zubettgehen: „Ich zerstöre und unkreiere alles, was meine Beziehung mit meinem Kind heute und in der Vergangenheit gewesen ist."

Wenn du deine Beziehung jeden Abend zerstörst und unkreierst, kannst du eure Beziehung jeden Tag neu kreieren, was bedeutet, dass du an der kreativen Front einer anderen Möglichkeit bist. Du nimmst dann deinen Ärger, deine Beschlüsse und Schlussfolgerungen nicht in den neuen Tag mit. Du wirst in der Lage sein, etwas ganz Neues mit deinen Kindern zu generieren. Wenn du das jeden Tag machst, wirst du eine andere Beziehung zu ihnen haben. Sie werden mit dir über Dinge reden können, über die sie noch nie gesprochen haben, und du wirst mit ihnen über Sachen sprechen können, über die du immer hast reden wollen, es aber nie gekonnt hast. Diese Werkzeuge bringen dich in einen ständigen Zustand des Generierens und Kreierens einer Beziehung, anstatt aus alten Ansichten heraus zu funktionieren. Es ist eines meiner Lieblingswerkzeuge bei Access Consciousness, und ich wende es täglich an.

WERKZEUG: ZERSTÖRE UND UNKREIERE ALLE PROJEKTIONEN UND ERWARTUNGEN, DIE DU AN DEINE BEZIEHUNG HAST

Eine Variante des Werkzeugs „zerstören und unkreieren der Beziehung" ist, all die Projektionen und Erwartungen zu zerstören und unzukreieren, die du an deine Beziehung mit deinen Kindern, den Kindern in deiner Klasse, deinem Ehepartner oder irgendjemand sonst hast. Ich mache das gerne jeden Morgen.

Wenn du deine Beziehung mit jemandem zerstörst und unkreierst – sowie auch die Projektionen auf und Erwartungen an diese Person, zerstörst und unkreierst du die Begrenzungen der Vergangenheit und die Festigkeit der Zukunft, die du kreierst. Du kannst mit solcher Leichtigkeit in der Gegenwart sein, und von diesem Raum aus kannst du eine andere Zukunft kreieren.

TRINA UND AARON

Meine Freundin Trina, die Ergotherapeutin, die im öffentlichen Schulsystem arbeitet, erzählte mir eine Geschichte über Aaron, einen fünfzehnjährigen Jungen, der Autismus hat. Er spricht nicht und kommuniziert über ein iPad. Er braucht Hilfe beim Tippen; jemand muss die Hand auf seine Hand legen, damit sie ruhig genug ist, um zu tippen, und das kann sehr lange dauern. Seine Gedanken haben Lichtgeschwindigkeit, und dieser Prozess kann unglaublich frustrierend für ihn sein.

Trina geht täglich zu Aaron. Sie erzählte mir, dass er sich zwei bis drei Mal am Tag zu Boden fallen ließ und einen Anfall bekam. Oft zog er an den Haaren des Lehrers oder der Hilfskräfte.

Eines Tages, als er ruhig war, fragte sie ihn: „Was weißt du über die Male, wenn du einen Anfall bekommst?" Er tippte: „Mathe und Sozialkunde." Trina sagte, das beide Fächer im selben Klassenzimmer mit derselben Lehrerin stattfanden.

Sie fragte ihn, was er noch wusste. Er antwortete: „Meine Lehrerin denkt, ich bin dumm." Sie fragte, ob die Lehrerin ihm das gesagt hätte, und er tippte: „Nein, aber sie denkt es. Ich kann es in meinem Kopf hören."

Trina fragte ihn, ob er denkt, dass er dumm ist und er schrieb: „Nein, aber meine Lehrerin denkt das."

Dann fragte sie: „Weißt du, wie absolut genial du darin bist, Dinge wahrzunehmen und zu sehen? Das ist so anders, als andere die Dinge wahrnehmen und sehen."

Er antwortete: „Ja, aber sie versteht es nicht."

Sie fragte, ob er seine Beziehung zu dieser Lehrerin zerstören und unkreieren könnte. Sie sagte: „Die Leute können ihre Bewertungen auf uns projizieren, und vielleicht sind das ihre Bewertungen über sich selbst, weil sie nicht weiß, wie sie mit dir kommunizieren soll. Wenn du deine Beziehung zu ihr jeden Tag zerstörst und unkreierst, wirst du alle Bewertungen zerstören und unkreieren, die sie jeden Tag auf dich projiziert hat. Kannst du das machen?"

Er antwortete: „Ja."

Sie fragte ihn: „Verstehst du das?", worauf er erwiderte: „JA, TRINA!"

Das war das erste Mal, dass er je ihren Namen geschrieben hatte. Sie meinte, sie sei erstaunt gewesen, wie viel Informationen er ihr gegeben habe, seit er mit dem iPad kommuniziert hatte, und es hatte so viel Zeit, Mühe und Ausdauer gekostet – und auch Verletzlichkeit. Direkt im Anschluss nahm Aarons Verhalten, wo er an den Haaren zog und auf dem Boden zappelte, von zwei bis drei Mal am Tag auf ein oder zwei Mal pro Woche ab.

~ 16 ~
Erlauben

Deine Ansicht kreiert deine Realität. Die Realität kreiert nicht deine Ansicht.
~ Dr. Dain Heer

Gary:

Wenn du an einem Ort bist, wo du im Erlauben der Leute sein kannst, wie sie sind, ist das sehr selten und wertvoll für sie. Sie möchten gerne, dass du bei ihnen bleibst; sie möchten nicht, dass du gehst. Sie haben dich gerne in der Nähe, weil du sie nicht mit Bewertung betrachtest – und wenn du jemanden ohne Bewertung betrachtest, bist du das Verführerischste, was es je auf dem Planeten gegeben hat. Alle möglichen Dinge werden möglich. Deine Fähigkeit, im Erlauben zu sein, ist ein unschätzbares Geschenk.

Anne:

Erlauben heißt, aus dem Denken auszusteigen, es gebe eine richtige und eine falsche Art, etwas zu sein oder zu tun. Du nimmst Dinge einfach wahr, wie sie sind. Wenn du in einen Raum des Erlaubens gehst, wird alles klar, und du hast die Freiheit, andere Wahlen zu treffen.

Gary:

Du kannst dich an eine Ansicht anpassen und ihr zustimmen, oder du kannst einer Ansicht Widerstand entgegenbringen und auf sie reagieren. Das ist die Polarität diese Realität. Oder du kannst im Erlauben sein. Wenn du im Erlauben bist, bist du der Felsen inmitten des Stroms. Gedanken, Überzeugungen, Haltungen und Überlegungen kommen auf dich zu und gehen um dich herum, weil sie für dich nur eine interessante Ansicht sind. Wenn du hingegen in Anpassung und Zustimmung oder Widerstand und Reaktion zu dieser Ansicht gehst, wirst du von diesem Strom des Irrsinns erfasst und mit auf eine wilde Fahrt genommen. Das ist nicht der Fluss, in dem du dich befinden solltest. Du solltest im Erlauben sein. Vollkommenes Erlauben bedeutet: Alles ist nur eine interessante Ansicht.

ANPASSUNG UND ZUSTIMMUNG

Anne:

Als ich Gary das erste Mal über Erlauben sprechen hörte, änderte das alles für mich. Ich erkannte, dass ich einen großen Teil meines Lebens damit verbracht hatte, zu versuchen dazuzupassen. Ich hatte versucht, mich an das anzupassen und dem zuzustimmen, was alle anderen dachten, ohne Erfolg. Ich wurde ständig vom Strom der Ansichten anderer Leute fortgerissen.

Als ich in der dritten Klasse war, kandidierte ein Mann, der in unserer Stadt lebte, für den amerikanischen Senat. Unsere Lehrerin erzählte unserer Klasse, dass, weil dieser Mann aus unserer Stadt war, unsere Eltern für ihn stimmen sollten. Ich ging sofort in Übereinstimmung mit ihrer Ansicht. „Oh, ja, das stimmt. Unsere Eltern *sollten* für ihn stimmen."

Als ich meiner Mama gegenüber diese Ansicht wiederholte, sagte sie: „Nur, weil jemand nebenan wohnt, bedeutet das nicht, dass wir für ihn stimmen werden. Ich würde *nie* für diesen Mann stimmen."

Dann ging ich mit *dieser* Ansicht in Übereinstimmung: „Richtig! Wir müssen nicht für ihn stimmen, nur, weil er in unserer Nähe wohnt!" Und als ich das meiner Lehrerin gegenüber wiederholte (mit all dem Sarkasmus und der Verachtung, die meine Mutter ausgedrückt hatte), behielt sie mich in der Pause im Klassenzimmer und ich musste Seiten aus dem Wörterbuch abschreiben – weil ich respektlos gewesen war.

Es ist sehr einfach für die Eltern von X-Men-Kindern, in die Falle der Anpassung und Zustimmung mit all den „Experten" über die „Behinderungen" ihrer Kinder und den „richtigen" Weg, sie zu erziehen und/oder zu unterrichten zu tappen. Es macht einen himmelweiten Unterschied, wenn du aus der Anpassung und Zustimmung herausgehst: „Oh, ja, das muss stimmen", und stattdessen in das Erlauben hineingehst: „Hmm, das ist eine interessante Ansicht. Was ist wahr für mich und mein Kind?"

WIDERSTAND UND REAKTION

Als Gary das erste Mal über Erlauben sprach, erkannte ich, wie die Menschen ihr ganzes Leben damit verbringen, in Widerstand und Reaktion gegen das zu sein, was alle anderen denken, sagen und tun. Ich erkannte, dass ich das auch ganz oft gemacht hatte. Als Kind tat ich jedes Mal, wenn mir jemand sagte, ich könne etwas nicht tun oder haben, alles, was in meiner Macht stand, um das zu tun oder haben. Einmal, als ich sieben Jahre alt war, zeigte meine Mutter mir eine ganzseitige Zeitungswerbung für Kinderschuhe. Sie sagte, ich könne mir alle aussuchen – nur nicht dieses eine Paar. Ich bekam einen Anfall, weinte und redete immer nur darüber, dass dies das einzige Paar sei, dass ich überhaupt zu tragen erwägen würde. Nach einer Weile „gab sie nach" und kaufte dieses Paar Schuhe für mich. Jahre später fand ich heraus, dass diese „verbotenen" Schuhe genau die waren, von denen sie wollte, dass ich sie trage. Sie hatte mich manipuliert, da sie wusste, dass ich mich weigern und reagieren würde! Bis heute bin ich manchmal noch so. Jemand sagt mir „Nein", und meine erste Reaktion ist „Warte nur ab!"

Aber dank Gary habe ich gesehen, dass es eine andere Wahl gibt. Und zwar im Erlauben sein – alles als interessante Ansicht wahrnehmen – und dies hat in meinen Beziehungen und meiner Arbeit einen großen Unterschied bewirkt.

ALS ELTERN IM ERLAUBEN SEIN

Was wäre, wenn du nicht fordern würdest, dass deine Kinder sich deinen Ansichten anpassen und ihnen zustimmen? Was wäre, wenn du ihnen die Erlaubnis geben könntest, ihre eigenen Ansichten zu haben und sie nach ihrem Ermessen zu ändern? Was, wenn du deinen Kindern die Erlaubnis geben könntest, zu sein, wer sie sind?

Es ist bei allen Kindern wichtig, im Erlauben zu sein – und es ist unabdingbar bei X-Men-Kindern. Kinder im Autismusspektrum beispielsweise können seltsame Verhaltensweisen an den Tag legen. Wenn du, anstatt eine ausgeprägte Ansicht dazu zu haben, ob sie richtig oder falsch liegen, Fragen stellen und in die Energie von dem hineingehen kannst, was sie sagen, können sich scheinbar unlösbare Probleme und Schwierigkeiten verändern.

In einem Raum des Erlaubens zu sein, bedeutet nicht, dass du zu einem Fußabstreifer wirst und deinen Kindern erlaubst, dir auf der Nase herumzutanzen. Es bedeutet nicht, dass du zu jeder Forderung, die sie an dich stellen, *ja* sagst. Und es bedeutet nicht, dass du dich selbst aus der Gleichung ausschließt.

Im Erlauben sein bedeutet auf keinen Fall, dass du nicht *nein* sagst. Manchmal ist ein *Nein* genau das, was erforderlich ist. Und wenn dein Kind explodiert, was wäre, wenn du die Explosion geschehen lassen kannst und dich nicht dafür verantwortlich fühlst? Es braucht vielleicht Übung, sich im Geschäft nicht erniedrigt zu fühlen, wenn dein Kind einen Anfall hat und auf dem Boden herumzappelt. Wenn du jedoch im Raum vollkommenen Erlaubens für dein Kind und das, was es in diesem Moment wählt, bist – wenn du seine Wahl als interessante Ansicht siehst – gibt es keinen Widerstand und normalerweise dauert der Anfall dann nicht so lange.

„Okay" ist eine absolut angemessene energetische Reaktion auf einen Wutanfall (nicht „Oohhhkaay!"), einfach nur „Okay" mit der Energie von „Wenn es das ist, was du wählst, okay."

Dain:

Wenn du keine Bewertung in deiner Ansicht hast, wirst du keine Begrenzung davon haben, wie deine Realität sich zeigen kann, weil Bewertung sehr begrenzend wirkt.

Gary:

Jedes Mal, wenn du eine feste Ansicht zu irgendetwas einnimmst, kreierst du einen Anker, der dich festhält, wo du bist.

Anne:

Wenn du keine Ansicht über die Wahlen hast, die deine Kinder treffen, macht dich das frei, um Fragen zu stellen und über jegliche Vorurteile hinauszugehen, die du und andere über das haben könnten, was sie wählen.

Dain:

Die Ansicht, die du einnimmst, ist immer deine Wahl. Sie zu etwas anderem zu ändern, weil es besser für dich funktioniert, ist auch deine Wahl. Du musst nie an einer Ansicht festhängen, die du gerade hast – über nichts.

Anne:

Und deine Kinder auch nicht. Wenn du ins Erlauben gehst, erlaubst du Kindern energetisch, ihre Ansichten zu ändern.

Vor Kurzem habe ich einen Kurs gehalten, an dem auch eine Mutter mit ihrem zweiundzwanzig Monate alten Sohn teilnahm. Irgendwann nahm er eine sehr große, schwere Wasserflasche auf, die sie mitgebracht hatten, und hob sie über seinen Kopf, um zu trinken, während er unter ihrem Gewicht schwankte. Es war nur ein kleines bisschen Wasser übrig, und anstatt in seinem Mund zu landen, ging das meiste auf die Vorderseite seines Hemdes und auf den Boden.

Er setzte die Flasche ab und sagte: „Mama … mehr!"

Seine Mama schaute ihn an und sagte: „Schau, du hast alles über dein Hemd und auf den Boden geschüttet. Nein, du bekommst kein Wasser mehr in der Flasche."

Da tat er, was er immer tut, wenn seine Mama nein sagt oder versucht, ihn zu kontrollieren. Er schaute ihr in die Augen und schrie.

Ich fragte seine Mama: „Wessen Hemd ist das denn?"

Sie lächelte, ließ ihre Ansicht fallen und sagte zu ihm: „Okay, du kannst mehr Wasser in der Flasche haben."

Da die Mutter mit einem anderen Kursteilnehmer in einem Projekt beschäftigt war, bot ich an, ihm mehr Wasser zu holen. Das Wasser war sehr kalt. Ich füllte etwa 3 Zentimeter nach und gab ihm die Flasche zurück. Es waren Eiswürfel darin, und er konnte sie sehen. Er lief zurück zu seiner Mutter, stellte die Flasche auf den Boden, rieb die Vorderseite seines Hemds: „Neeeein, Mama … Neeein, Mama!" Er wusste, dass er nichts von diesem kalten Wasser auf seiner Brust wollte.

Für den Rest des Wochenendes versuchte er nicht mehr, Wasser aus der Flasche zu trinken. Stattdessen bat er mich, mit ihm zum Tisch zu gehen, wo das Wasser stand, und ihm etwas in einen kleinen Plastikbecher zu gießen.

Solange seine Mutter die Ansicht hatte, er solle nicht aus der Wasserflasche trinken, war seine einzige Wahl, in Widerstand zu gehen und zu schreien. Sobald sie ihre Ansicht zu all dem losließ, konnte er erkennen, was er kreieren würde, wenn er das eiskalte Wasser aus der großen Flasche trinken würde – Eiswasser vorne auf seinem Hemd – und er wählte etwas anderes.

~ 17 ~
WAHL

Es sollte immer Wahl für Kinder geben.
Du musst erkennen, dass sie wählen, was sie wählen, um ein Ergebnis zu erzielen, das ihrer Meinung nach etwas verändert.
~ Gary Douglas

Anne:

Es gibt eine weitverbreitete Ansicht, dass Kinder mit sogenannten Behinderungen nicht in der Lage sind, „gute" Wahlen zu treffen, und Erwachsene sind oft nicht bereit, ihnen Wahlen zu den alltäglichen Dingen in ihrem Leben zu ermöglichen. Es erscheint vielleicht auch vielen Kindern und Erwachsenen so, als ob die Kinder keinerlei Wahl haben – was wäre, wenn sie doch welche hätten?

Kinder treffen nämlich ständig Wahlen. Sie wählen, ob sie quengelig sind (oder nicht), albern sind (oder nicht), mit dem Kopf auf den Boden schlagen (oder nicht), in einen anderen Raum gehen (oder nicht), ob sie einer Bitte folgen, die wir an sie richten (oder nicht).

Wenn wir im Raum des Erlaubens für ihre Wahlen sind, können sie die Energie dessen, was sie kreieren, erfassen und weitermachen mit dem, was sie gewählt haben – oder eine andere Wahl treffen.

Eine Freundin, die mit X-Men-Kindern im öffentlichen Schulsystem arbeitet, betont, dass sogar mitten in Aufregung und Anfällen Wahl möglich ist. Sie erzählte mir von einem ihrer Schüler im Mittelschulalter mit Autismus. Er was nonverbal, kommunizierte aber die ganze Zeit energetisch – nur hörte nie jemand zu. Dieser junge Mann hatte häufig Wutanfälle.

Sie erzählte, dass ganz oft, wenn sie ins Klassenzimmer ankam, er bereits aus der Klasse gestürmt war oder einen physisch aggressiven Anfall gehabt hatte. Eines Tages hatte er, kurz bevor sie ankam, versucht zu fliehen und fast seine Hand durch ein Fenster gestoßen. Als sie in den Raum kam, wurde er von zwei Hilfskräften am Boden auf einer Matte festgehalten, um seine Sicherheit zu gewährleisten.

Sie schaute den Studenten an und sagte: „Hey, du bewirkst, dass du mehr kontrolliert wirst. Ist das wirklich, was du kreieren willst?"

Er schaute ihr in die Augen – und er war jemand, der normalerweise keinen Augenkontakt eingeht. Er sagte: „Hmmah", hörte auf sich zu wehren und wurde sofort ruhig. In wenigen Sekunden war er aufgestanden und wieder bei der Arbeit.

Er hatte eine Wahl getroffen.

WIE WÄHLT MAN?

Wenn wir über Wahl sprechen, meinen wir nicht irgendeinen kognitiven Prozess, wo man lange und tiefgreifend über etwas nachdenkt, sorgfältig das Für und Wider abwägt und dann wählt. Wie sprechen hier nicht über eine richtige und eine falsche Antwort oder eine gute und eine schlechte Wahl. Die „Wahl" über, die wir sprechen, hat mit Energie zu tun, nicht mit Kognition.

Also, wie wählt man? Man wählt einfach!

Als Erwachsener wählst du aufzustehen, wenn der Wecker klingelt (oder nicht). Du wählst, dem Fahrer, der dich ausgebremst hat, eine obszöne Geste zu zeigen (oder nicht). Du wählst, dich auf die Bitte deines Chefs, Überstunden zu machen, um ein Projekt abzuschließen, einzulassen (oder nicht). Du wählst, wie du auf jede Situation in deinem Leben reagierst. Du wählst einfach. Dasselbe gilt für deine Kinder.

Wie Gary sagt: „Alles ist nur eine Wahl."

Und deine Wahl muss nicht ewig andauern. Wenn dir die Wahl, die du getroffen hast, nicht gefällt, kannst du etwas anderes wählen. Was wäre, wenn du deine Kinder – und dich selbst – wählen lassen könntest, immer wieder?

WAHL KREIERT GEWAHRSEIN

Wenn du wählst, wirst du dir bewusst, was deine Wahl jetzt kreiert und in der Zukunft kreieren wird, genau wie bei dem kleinen Jungen im vorherigen Kapitel, der erkannte, was er kreieren würde, wenn er versuchen würde, das eiskalte Wasser aus der großen Flasche zu trinken. Er hatte das Gewahrsein dessen, was jede Wahl kreieren würde, und wählte dann diejenige, die für ihn am besten funktionierte.

Wir fördern dieses Gewahrsein bei Kindern, wenn wir im Erlauben dessen sind, was sie wählen. Und wir laden sie zu einer anderen Möglichkeit ein, wenn wir ihnen Fragen stellen.

Ein zehnjähriger Junge, den ich David nennen werde, wurde zu mir gebracht, weil er häufig explodierte. Seine Mutter sagte mir, er ginge schnell hoch, reagiere defensiv, würde Beleidigungen ausstoßen, stöhnen und sich voller Frustration mit den Fäusten auf den Kopf hämmern. Er war ein hochintelligentes Kind und wurde ungeduldig, wenn die Leute entweder nicht mit ihm mithielten oder mithalten konnten oder wenn sie ihn nicht anerkannten.

Weil David schon so oft wegen seiner Ausbrüche bestraft und gescholten worden war und Vorwürfe bekommen hatte, hatte er die Ansicht, dass mit ihm irgendetwas nicht stimme. Und weil sein Leben sich scheinbar kaum änderte, hatte er sich damit abgefunden, falsch zu liegen, keine Freunde zu haben und ständig Ärger zu haben. Er hatte keine Hoffnung, dass es je besser werden könnte, und sagte mir, er sähe keinen Ausweg. Seine Mutter war auch verzweifelt, projizierte schon in die Zukunft und warnte ihn, wie schwierig und unglücklich sein Leben werden würde, wenn er sich jetzt nicht in den Griff bekäme. Keiner von beiden glaubte, dass David eine Wahl hatte.

Als David und ich uns unterhielten, stellte er sich selbst als Opfer gemeiner, unangenehmer Kinder dar, von Eltern, die ihn nicht verstanden, und Lehrern, die darauf aus wären, ihn dranzukriegen. Ich stellte ihm viele Fragen über sein Leben zu Hause und in der Schule, und wir sprachen darüber, dass er wirklich Wahl hat. Obwohl er sich anfangs dagegen sträubte, konnte er anerkennen, dass er vielleicht doch eine Wahl haben könnte.

Mit der Zeit begann David, andere Wahlen zu treffen. Er war den anderen Kindern, den Lehrern und seinen Eltern weniger ausgeliefert. Er reagierte weniger stark auf das, was andere taten oder sagten, und neigte weniger zu Ausbrüchen. Und wenn er welche hatte, dauerten sie nicht so lange und waren weniger intensiv. Wenn zum Beispiel der Junge von nebenan, einer seiner wenigen Spielkameraden, nicht spielen konnte, konnte David gut damit klarkommen und seiner Wege gehen, anstatt sich aufzuregen.

Was hatte ich getan, um diese Veränderung zu ermöglichen? Ich stellte ihm Fragen. Ich verlangte keine „Antworten", ich erkannte an, was er mir erzählte, und ich hatte keine Ansicht über die Wahlen, die er traf.

Ein Junge in Davids Klasse war sein Erzfeind. Dieser Junge provozierte ihn ständig, und David ließ sich meistens darauf ein. Eines Tages brachte der Junge einen gemeinsamen Freund davon ab, David zu seinem Geburtstag einzuladen. In meiner Praxis schmiedete David Rachepläne.

Anders als fast alle anderen Menschen in seinem Leben hatte ich keine Ansicht über das, was er wählen würde. Wenn er zu anderen Gelegenheiten seine Rache plante, mischten sich immer Leute ein und versuchten, ihn von seinen Plänen abzubringen, was bei ihm nur zur Eskalation führte. Stattdessen erkannte ich einfach nur alles an, was er sagte und meinte dann: „Könnte ich dir eine Frage stellen?"

„Ja."

„Wenn du diese Pläne umsetzt, wie wird dein Leben in einem Tag sein? In einer Woche? In einem Monat? Und wenn du die Pläne nicht umsetzt und stattdessen etwas anderes machst, wie wäre dein Leben in einem Tag? In einer Woche? In einem Monat?"

Auch wenn er anfänglich behauptete, sein Leben würde so viel besser sein, wenn er Rache nehmen könnte, ging er in die Energie davon hinein, was er durch jede Wahl, die er in Betracht zog, kreieren würde, und am Ende wählte er eine gemäßigtere Reaktion.

David erzählte mir später, dass der Junge verärgert war, weil David nicht seinem Muster entsprechend explodierte und deswegen auch keinen Ärger bekam.

„Also, wer hat hier wohl das letzte Wort gehabt?", fragte ich ihn.

Er grinste.

Es ist ungemein wichtig, gegenüber den Wahlen der Kinder im Erlauben zu sein, aber leider lassen sich viele Eltern und Lehrer auf ein „Richtig"- und „Falsch"-Denken ein oder haben ausgeprägte Ansichten über Kinder. Wenn das passiert, bekommen Kinder häufig nicht die Chance, Wahlen zu treffen und sich gewahr zu sein, was ihre Wahl kreiert hat.

Eines Sommers arbeitete ich kurz mit einer Mutter und ihren Söhnen, fünf und zweieinhalb Jahre alt. Sie machte sich Gedanken wegen des älteren Jungen. Sie erzählte mir, er spiele grob mit seinem jüngeren Bruder, also brachte sie beide Jungen mit zur Sitzung, damit ich das sehen konnte. Während sie mir den älteren Jungen beschrieb, erschien es, als erwarte sie von mir, dass ich all die Beschlüsse und Schlussfolgerungen, die sie über ihn getroffen hatte, bestätige. Es war wichtig für sie, Antworten und die Kontrolle zu haben. Sie hatte null Erlauben für ihre beiden Jungs.

Ich beobachtete, wie die Brüder entspannt und freundlich miteinander spielten; manchmal gab der ältere Bruder dem jüngeren Bruder Spielzeug. Irgendwann, als sein kleiner Bruder versuchte, ihm einen Laster wegzunehmen, ließ ihn der ältere Junge den Laster haben. Er war so anders, als seine Mutter ihn beschrieben hatte.

Sie sagte nichts, als dies geschah. Es war, als sei sie nicht in der Lage, über ihre Beschlüsse und Schlussfolgerungen hinauszusehen.

Es gab einen Tritthocker im Zimmer, den der Zweieinhalbjährige rüber zum Fenster schleppte. Die Mama wollte schon alarmiert aufstehen und hatte Angst, er könne stürzen. Ich lächelte sie an und bat sie leise, zu bleiben, wo sie war. Ich hatte keine Ansicht darüber, dass der kleine Junge auf dem Tritthocker war, da ich in seiner Nähe war und wusste, ich könnte ihn auffangen, wenn er fallen würde. Er drehte sich um und schaute mich an. Ich lächelte ihn an und blieb ruhig und gab ihm energetisch die Erlaubnis zum Erkunden. Er kletterte ganz achtsam auf den Hocker und stand auf. Er drehte sich wieder mit einem breiten Lächeln im Gesicht um, und ich applaudierte ihm. Dann führte er die entgegengesetzten Bewegungen aus und kletterte langsam wieder auf den Teppich zurück.

Meiner Ansicht nach demonstrierte er, dass Wahl Gewahrsein kreiert. Er wählte, auf den Hocker zu klettern, und indem er das wählte, wusste er, dass er darauf stehen konnte, ohne zu stürzen. Als er den Raum bekam, für sich selbst zu wählen, tat er dies – mit vollem Gewahrsein dessen, was es kreieren würde.

Die Mutter hätte ihm auch Beifall klatschen können – aber stattdessen raste sie vor Wut. Sie sagte: „Er hätte stürzen können! Er ist ungeschickt und stürzt oft. Ich kann nicht glauben, dass Sie ihn so unvorsichtig haben sein lassen."

Sie brachte die Kinder nicht mehr zu mir. Das war ihre Wahl.

~ 18 ~
Das Clearing Statement

Du bist der Einzige, der die Ansichten auflösen kann, die dich gefangen halten. Mit dem Clearing Statement bieten wir hier ein Werkzeug an, das du verwenden kannst, um die Energie der Ansichten zu verändern, die dich in unveränderlichen Situationen festhalten.

~ Gary Douglas

Gary:

In diesem Buch und ganz besonders im nächsten Abschnitt über deine Rolle als Elternteil stellen wir viele Fragen, und einige dieser Fragen bringen deinen Kopf vielleicht ein wenig durcheinander. Das ist unsere Absicht. Die Fragen, die wir stellen, sind dazu gedacht, deinen Verstand aus dem Weg zu räumen, damit du die Energie einer Situation erfassen kannst.

Sobald die Frage deinen Kopf durcheinandergebracht und die Energie einer Situation hochgebracht hat, werden wir fragen, ob du bereit bist, diese Energie zu zerstören und unzukreieren – denn festhängende Energie ist die Quelle für Barrieren und Begrenzungen. Wenn du diese Energie zerstörst und unkreierst, öffnet dies die Tür zu neuen Möglichkeiten für dich.

Dies ist deine Gelegenheit zu sagen: „Ja, ich bin bereit loszulassen, was auch immer diese Begrenzung aufrechterhält."

Darauf folgt dann ein seltsam klingender Spruch, den wir das Clearing Statement, also den Klärungssatz, nennen:

Alles, was das ist, mal Gottzillionen, zerstörst und unkreierst du das alles? Right and Wrong, Good and Bad, POD and POC, All 9, Shorts, Boys, and Beyonds.

Du musst die Wörter im Clearing Statement nicht verstehen, damit es funktioniert, denn wie wir gesagt haben: Es geht um die Energie. Du musst noch nicht einmal die Wörter im Clearing Statement verwenden, um die Energie deiner Begrenzungen aufzulösen. Sobald die Frage gestellt ist, kannst du einfach sagen: „Und alles, was ich in diesem Buch über X-Men gelesen habe", und es wird die Energie klären, wenn das deine Absicht ist. Wenn du allerdings mehr darüber erfahren möchtest, was die Wörter im Clearing Statement bedeuten, findest du am Ende des Buches eine Definition.

Im Prinzip gehen wir mit dem Clearing Statement zurück zur Energie der Begrenzungen und Barrieren, die kreiert worden sind. Wir schauen uns die Energien an, die uns davon abhalten, vorwärtszugehen und uns in alle Räume auszudehnen, in die wir gerne gehen würden. Das Clearing Statement ist einfach eine Kurzformel, die die Energien anspricht, die die Begrenzungen und Kontraktionen in unserem Leben kreieren.

Anne:

Als ich das Clearing Statement zum ersten Mal hörte, fiel mir auf, dass es *keinen Sinn* ergab! Doch obwohl es dumm klang, funktionierte es. Und zwar sofort. Wie Gary sagt, ist es nicht nötig, die Wörter mit deinem logischen Hirn zu verstehen. Diese Wörter sind dazu gedacht, deinen logischen Verstand zu umgehen. Ich erinnere mich, wie ich Gary zum ersten Mal sagen hörte: „Da die erste Sprache Energie ist, würde das Clearing Statement, selbst wenn wir es in einer Sprache sagen würden, die wir nicht sprechen, immer noch funktionieren." Das ist die Magie daran.

Was bedeutet Klären (engl. Clearing)? Es bedeutet, Zeug loszuwerden. Es bedeutet, loszulassen. Die meisten Begrenzungen und Orte, wo wir festhängen, sind durch unseren Irrsinn entstanden – indem wir dasselbe immer und immer wieder tun und ein anderes Ergebnis erwarten.

Der Klärungsprozess kann auf verschiedene Arten erfolgen, aber in der Regel beginnt er mit einer Frage – und manchmal ist es ein Hirnverdreher wie „Was ist der Wert daran, an allem festzuhalten, was ich loswerden möchte?" Sobald du die Frage stellst, kommt die Energie des Irrsinns hoch, an allem festzuhalten, was du loswerden möchtest.

Du erkennst die Energie an, die hochkommt, und empfängst sie, und du drückst deine Bereitschaft aus, sie zu zerstören und unzukreieren. Dadurch zerstörst und unkreierst du alle Arten und Orte, wo du die Begrenzungen als real und wahr abgekauft hast.

Der letzte Schritt besteht darin, das Clearing Statement zu wiederholen.

Right and Wrong, Good and Bad, POD and POC, All 9, Shorts, Boys, and Beyonds®.

Also, hier ist es:

Was ist der Wert, an allem festzuhalten, was ich loswerden möchte? Alles, was das ist, zerstöre und unkreiere ich alles. Right and Wrong, Good and Bad, POD and POC, All 9, Shorts, Boys, and Beyonds®.

Gary:

Je mehr du das Clearing Statement laufen lässt, umso tiefer geht es, und umso mehr Schichten und Ebenen kann das für dich aufschließen. Wenn bei einer Frage als Reaktion viel Energie hochkommt, kann es sein, dass du den Prozess vielleicht mehrfach wiederholen möchtest, bis das angesprochene Thema kein Problem mehr für dich darstellt.

Du kannst wählen, dies zu tun oder nicht; wir haben keine Ansicht darüber, aber wir möchten dich dazu einladen, es auszuprobieren und zu sehen, was passiert.

~ 19 ~
WAS IST DEINE ROLLE ALS ELTERNTEIL?

Was wäre, wenn du als Elternteil perfekt wärst, genauso, wie du bist?

~ Dr. Dain Heer

Gary:

Eltern missverstehen ihre Rolle oft und wenden sie falsch an, indem sie handeln, als müssen sie alles wissen, den Kindern eine Liste von Regeln und Bestimmungen liefern und ihr Verhalten kontrollieren. Viele Eltern glauben, andere Leute werden sie aufgrund dessen, was ihre Kinder tun, bewerten.

Anne:

Und was, wenn viele Menschen dich *tatsächlich* aufgrund dessen, was deine Kinder tun, bewerten? Was wäre, wenn viele Menschen unglaublich bewertend sind und dich bewerten werden, egal, was du sagst oder tust? Und was wäre, wenn du dein Wissen nicht zugunsten jemand anderes Meinung oder Bewertung außer Kraft setzen würdest?

Gary:

Versuchst du, den amerikanischen (oder den australischen oder den italienischen oder welcher auch immer es ist) Traum zu leben, wo du eine wirklich tolle Person bist, die die perfekte Frau oder den perfekten Mann heiratet, im perfekten Haus mit einem weißen Gartenzaun lebt und die perfekten Kinder großzieht, die alle lieben und für die alle dich bewundern?

Würdest du aufgeben, eine tolle Person zu sein – und stattdessen anfangen, eine gewahre Person zu sein? Alles, was du getan hast, um dich toll anstelle von gewahr zu machen, zerstörst und unkreierst du das alles? Right and Wrong, Good and Bad, POD and POC, All 9, Shorts, Boys, and Beyonds*.

Wie viel musst du bewerten, um zu bestimmen, ob du ein perfektes Leben hast? Viel oder wenig? Megatonnen!

Alles, was du getan hast, um zu bewerten, ob du das perfekte Leben kreierst oder nicht, von dem du beschlossen hast, du solltest es kreieren, ob das nun auf dir und deiner Beziehung, deinen Kindern, dem Geld, das du hast oder dem Geld, das du nicht hast, oder irgendetwas anderem basiert, und alles, was du tust, um dich dafür zu bewerten, dass du nicht das perfekte Leben kreierst, zerstörst und unkreierst du das bitte? Right and Wrong, Good and Bad, POD and POC, All 9, Shorts, Boys, and Beyonds*.

Dain:

Ist dir schon aufgefallen, dass du, wenn du bewertest, niemals auf der Siegerseite landest? Ist dir schon aufgefallen, dass du dich niemals dafür bewertest, dass du viel großartiger bist, als du bist?

Gary:

Oder besser, als du bist? Oder wunderbarer, als du bist?

Dain:

Du bewertest dich immer als geringer. Du bewertest dich als verkorkster, als du bist, du bewertest dich als jemand, der mehr Probleme hat und all diese Sachen.

Gary:

Machst du dir Vorwürfe wegen dem, was du beschlossen hast, dass es eine Behinderung deines Kindes ist – oder wegen dem, was als Behinderung abgestempelt wurde?

> *Überall, wo du dich in Vorwurf, Scham, Bedauern oder Schuld hineingesteigert hast, dass dein Kind diese Fähigkeit anstatt einer Unfähigkeit hat, zerstörst und unkreierst du das nun alles? Right and Wrong, Good and Bad, POD and POC, All 9, Shorts, Boys, and Beyonds˚.*

> *Würdest du ein Problem zu sein, als Realität aufgeben? Danke. Right and Wrong, Good and Bad, POD and POC, All 9, Shorts, Boys, and Beyonds˚.*

> *Und wärst du bereit zu sehen, dass deine Kinder kein Problem sind, sondern eine Möglichkeit – besonders, wenn du Kinder mit ADS, ADHS, Autismus oder Zwangsstörung hast? Alles, was das ist, zerstörst und unkreierst du das alles? Right and Wrong, Good and Bad, POD and POC, All 9, Shorts, Boys, and Beyonds˚.*

WIE WURDEST DU ALS KIND BEHANDELT?

Gary:

Die meisten von uns hatten keine Vorbilder für die Erziehung, die nährend und fürsorglich waren, und daher neigen wir dazu, unsere Kinder, uns selbst und all die anderen Menschen in unserem Leben so zu behandeln, wie wir behandelt *wurden* – und nicht, wie wir behandelt *hätten werden sollen*. Dain lieferte ein hervorragendes Beispiel dafür, nachdem er einen großen, neuen Fernseher mit Surround-Sound-Stereo bekam, der einen aus dem Sessel haut.

Dain:

Garys Tochter Grace sagte: „Dain, können meine Freundin und ich eine DVD auf deinem Fernseher gucken?"

Ich reagierte seltsam. Ich dachte: „Was meinst du? Das ist *mein* Fernseher."

Warum wollte ich sie ihn nicht benutzen lassen? Warum nicht? Ich hätte sagen können: „Ja, gerne. Viel Spaß damit." Tat ich das? Nein. Ich fühlte mich ganz seltsam und misstrauisch. Ich sagte: „Ja, aber nur dieses eine Mal."

Gary:

Direkt, nachdem Dain das gesagt hatte, drehte er sich zu mir um und meinte: „Oje, ich fühle mich nicht gut mit dem, was ich gerade gesagt habe. Was muss ich hier anders betrachten?"

Ich fragte: „Warst du ein böses Kind?"

Er sagte: „Nein."

Ich fragte: „Hast du dich um die Sachen deiner Eltern gekümmert?"

Er meinte: „Ständig."

Ich fragte: „Hast du Sachen kaputt gemacht und wilde Partys geschmissen?"

Dain sagte: „Nee. Nie. Ich kümmerte mich immer um alles." (Und zwar, weil er der einzige Erwachsene in seiner Familie war, aber das ist eine andere Geschichte.)

Ich sagte: „Was, wenn du Grace so behandeln würdest, wie du hättest behandelt werden sollen, anstatt wie du behandelt worden bist?"

Dain:

Ich sagte: „Hoppla." Ich musste mir das anschauen. Als ich sechs war, heiratete mein Vater eine neue Frau, und meine Stiefmutter misstraute mir vom ersten Augenblick an, obwohl ich eines dieser Kinder war, die sich für alle um alles kümmern. Nachdem mein Vater geheiratet hatte, lebte ich in dem Märchen, in dem ich immer hatte leben wollen, mit einer bösen Stiefmutter.

Gary:

Dain stand früher auf, um seiner Mutter einen Kaffee zu machen und ihn ihr ans Bett zu bringen.

Dain:

Und manchmal auch das Frühstück. Meine Mama vertraute mir, aber meine Stiefmutter war so voller Misstrauen, dass sie mich nicht alleine im Haus lassen wollte. Ich bin mir nicht sicher, was sie dachte, aber sie vertraute mir weder die Sachen im Haus noch die Autos an. Ich war ein lieber Junge, aber ich wurde nicht so behandelt. Sobald Gary und ich anfingen, darüber zu reden, merkte ich, dass ich andere Menschen in meinem Leben genauso behandelte – mit Misstrauen.

Gary:

Ich fragte Dain, ob er sich selbst auch so behandelte. Er sagte ja, das täte er. Die meisten von uns tun das. Wir behandeln uns selbst so, wie wir behandelt wurden. Wir meinen, dies muss richtig sein, weil unsere Eltern es so gemacht haben. Wie behandelst du dich selbst in deinem Leben? Behandelst du dich so, wie du hättest behandelt werden sollen – oder wie du behandelt wurdest?

Dain:

Und behandelst du deine Kinder so, wie du hättest behandelt werden soll, basierend auf deinem Gewahrsein und wie toll du warst – oder behandelst du sie so, wie du behandelt wurdest, einfach nur, weil du so behandelt wurdest?

> *Alles, was das ist, zerstörst und unkreierst du das alles? Right and Wrong, Good and Bad, POD and POC, All 9, Shorts, Boys, and Beyonds˚.*

„ICH WERDE NIE WIE MEINE MUTTER SEIN."

Gary:

Wir neigen dazu zu denken, dass ein anderer Aspekt davon, unsere Kinder so zu behandeln, wie wir behandelt wurden, darin besteht zu erklären: „Ich werde nie wie meine Eltern sein und tun, was sie getan haben!" Ich habe das gemacht. Als ich sehr jung war, beschloss ich, meine Kinder nie so zu behandeln, wie meine Mutter mich behandelt hatte.

Einmal, als mein ältester Sohn ein Teenager war, wurde ich um 3 Uhr früh durch lautes Reden und Lachen im Wohnzimmer geweckt. Es war mein Sohn mit seinen Freunden. Ich wusste, dass er um sechs arbeiten gehen musste, was tat ich also? Ich stand auf, stürmte ins Wohnzimmer und sagte im Brustton der Überzeugung: „Junger Mann, du verhältst dich nicht verantwortungsbewusst …"

Kaum waren die Worte mir entfahren, merkte ich, dass ich mich genau wie meine Mutter verhielt. Ich merkte auch, dass mein Sohn mich ebenso wenig beachten würde, wie ich damals meine Mutter beachtet hatte. Ich stoppte mitten im Satz und sagte: „… und meine Mutter hat das zu mir gesagt, und ich habe auch nicht auf sie gehört. Gute Nacht", und ging wieder ins Bett.

Es funktioniert nicht, wenn du beschließt, nicht so zu sein wie deine Eltern. Wenn du beschließt, du möchtest nicht so sein wie sie, musst du sie nachahmen – genau wie ich. Was wirklich funktioniert, ist gewahr zu sein.

Was, wenn das größte Geschenk, das du deinen Kindern machen kannst, Gewahrsein ist?

VORSICHTIG SEIN IM GEGENSATZ ZU GEWAHR SEIN

Viele Eltern konzentrieren sich darauf, ihre Kinder zu beschützen. Sie sehen das als ihre Aufgabe, und ich bin auch der Meinung, dass dies einen wichtigen Teil ihrer Rolle ausmacht. Die Frage ist: „Was ist die beste Art, dafür zu sorgen, dass sie geschützt sind?" Fieberhaft auf sie aufpassen und sie warnen, dass sie vorsichtig sein sollen? Oder ihnen beibringen, dass sie auf sich aufpassen können, indem sie gewahr sind?

Als mein jüngster Sohn etwa achtzehn Monate alt war, waren wir in einem Park, und er beschloss, dass er mit den großen Kindern auf eine sehr hohe Rutsche gehen wollte. Er fing an, die Sprossen hochzuklettern. Ich war etwa 7 Meter entfernt und übermittelte ihm gedanklich: „Sei vorsichtig, Sky, sei vorsichtig." Er war schon dreiviertel der Sprossen hochgeklettert, als er rief: „Papa, ich *bin* doch vorsichtig."

Er schnappte meine Gedanken auf. Ich merkte, dass wir uns bewusst sein müssen, was wir unseren Kindern gedanklich übermitteln – denn sie bekommen es mit. Sag ihnen nicht, sie sollen vorsichtig sein. Sag ihnen, sie sollen gewahr sein. Gewahrsein umfasst alles um sie herum. Wenn sie gewahr sind, müssen sie nicht vorsichtig sein, weil sie wissen werden, was zu tun ist.

Eltern sagen ihren Kindern Sachen wie: „Sei vorsichtig. Sprich nicht mit Fremden." Ich habe gelernt, das nicht zu tun. Ich sagte: „Sei gewahr. Wenn sich etwas nicht richtig anfühlt, sieh, dass du so schnell wie möglich wegkommst – egal, wer es ist. Selbst wenn es jemand ist, den du kennst, mache nichts mit irgendjemandem, was sich nicht richtig anfühlt, selbst wenn du denjenigen kennst."

Dain:

Es gibt so einen großen Unterschied zwischen *gewahr* und *vorsichtig*. Hat man dir je gesagt, du solltest vorsichtig sein? Was bedeutet das? Paranoid sein? Das ist die einzige Option, die du hast. *Vorsichtig* bedeutet paranoid. Es bedeutet, dass man sich vorsieht oder ängstlich ist. Vorsichtig zu sein, lähmt dich.

Gewahr zu sein heißt: „Hey, alles ist gut, alles ist gut, alles ist gut. Oh-oh. Moment mal. Was ist das? Das fühlt sich nicht so gut an. Ich werde aufmerksamer sein oder hier weggehen." Gewahr zu sein gibt dir mehr Optionen und lässt dich Maßnahmen ergreifen oder möglichst schnell abhauen.

Gary:

Wenn du jemandem sagst, er solle vorsichtig sein, muss er davon ausgehen, dass er etwas nicht mitbekommt, das ihm schaden könnte. Bei unserer Arbeit mit Pferden haben wir entdeckt, dass, wenn man in ihrer Nähe ängstlich ist, sie automatisch annehmen, dass sie etwas nicht mitbekommen haben. Sie werden nervös und paranoid. Sie meinen, sie hätten in der Lage sein müssen zu sehen, was auch immer vor sich geht, das dir Angst macht. Dasselbe gilt für deine Kinder. Wenn du sagst: „Sei vorsichtig", gehen sie davon aus, dass es etwas gibt, das sie nicht mitbekommen haben und niemals mitbekommen werden, und dass sie keine andere Wahl haben, als es nicht mitzubekommen.

Nachdem meine Exfrau und ich uns scheiden ließen, ging sie mit meiner jüngsten Tochter nach Mexiko. Nun ist meine Exfrau recht aufbrausend ...

Dain:

Nur ein kleines bisschen. Sie ist wie ein Tornado, ein Orkan und eine Atombombe in einer Zuckergusshülle. Ich werde jetzt still sein; sprich weiter.

Gary:

Also ging meine Tochter mit ihrer Mutter nach Mexiko. Sie war etwa sechzehn. Eines Tages telefonierte ich mit ihr, und sie erwähnte, dass ihre Mutter ihr ständig sagte, sie solle vorsichtig sein. Sie fand das nervig und fragte mich danach.

Ich sagte: „Schatz, du musst nicht vorsichtig sein; du musst nur gewahr sein. Du sprichst wunderbar Spanisch, aber du verstehst nicht jedes Wort, das gesagt wird. Wenn du gewahr bist, bekommst du auf jeden Fall die Energie jeder Situation mit und wirst wissen, wann es Zeit ist zu gehen. Wenn jemand dich hereinlegen möchte, wird er Wörter benutzen, die du nicht verstehst. Also sei nicht vorsichtig; sei in deinem Gewahrsein."

Pass nicht auf; sei gewahr. Eine Dame erzählte mir eine Geschichte über ihren Sohn. Sie sagte ihm immer wieder, er solle gewahr sein. Eines Tages stand er neben einem Gebäude in der Stadt und dachte: „Ich möchte nicht hier stehen. Ich möchte da drüben stehen." Er ging weg – und dann fiel etwas vom Gebäude und stürzte auf den Bürgersteig, wo er gestanden hatte. Wäre er vorsichtig gewesen, hätte er sich umgeschaut, um zu sehen, wer ihn „erwischen" wollte; er wäre nicht gewahr gewesen, dass er weggehen muss, weil etwas von oben herunterstürzen würde.

Also, alles, was du selbst abgekauft, und alles, was du in deinen Körper eingeschlossen hast über oder durch das Vorsichtigsein, zerstörst und unkreierst du das und schickst alles zurück an den Absender? Right and Wrong, Good and Bad, POD and POC, All 9, Shorts, Boys, and Beyonds.

„HAST DU DEN ZEMENT KAPUTT GEMACHT?"

Die andere Sache ist – wenn deine Kinder hinfallen, gehe nicht davon aus, dass sie sich wehgetan haben, und renne zu ihnen hin und frage, ob alles in Ordnung ist. Schmerz ist eine Kreation, keine Realität. Wenn meine Kinder auf Beton hinfielen, ging ich hin und fragte: „Hast du den Beton kaputt gemacht?" Sie schauten mich dann an, sagten *nein,* und liefen weg, um weiterzuspielen. Keine blauen Flecken, keine Schürfwunden, keine Beulen.

Wäre ich hinübergegangen und hätte gesagt: „Oh nein! Geht es dir gut, Liebling?", hätten sie geweint und eine riesige Beule am Kopf bekommen.

Wenn du fragst: „Hast du dir wehgetan?", wird es ihnen immer wehtun. Wenn du fragst: „Hast du den Beton kaputt gemacht?", sagen sie *nee* und laufen glücklich weiter.

ERZIEHUNG MIT GEWAHRSEIN

Erziehung mit Gewahrsein ist die Bereitschaft zu erkennen, dass du nicht alle Antworten hast und dass du lernen musst, die Frage zu stellen, die dein Kind aufweckt. Gewahrsein bedeutet zu erkennen, dass du dein Kind nicht kontrollieren kannst; alles, was du tun kannst, ist, ihn oder sie zu manipulieren. Du kannst deine Kinder dazu manipulieren, die Sachen zu machen, die du gerne hättest, dass sie sie tun und die Dinge zu lassen, die du nicht möchtest. Gewahrsein ist auch die Bereitschaft zu sehen, was für sie funktioniert.

Eltern stellen mir manchmal Fragen zum Disziplinieren der Kinder. Ich antworte, dass ich mit einem gelegentlichen Klaps aufwuchs, also versuchte ich das natürlich auch bei meinen Kindern. Es funktionierte nicht. Ich begann zu erkennen, dass die einzige effektive Disziplin darin besteht, Kinder wissen zu lassen, was passiert, wenn sie etwas tun. Dann lass sie wählen, was sie tun wollen. Ihnen die Wahl zu geben, ist immer die beste Option. Ich gab meinen Kindern eine Auswahl von drei bis vier Sachen, aus denen sie wählen konnten, von denen drei nicht schön waren. Ich sagte: „Du kannst das, das, das oder das haben. Und wenn du das nicht wählst, wirst du nicht glücklich damit sein."

Dain:

Als Garys Kinder klein waren, sagte er ihnen nicht: „Fass den Herd nicht an." Stattdessen sagte er: „Wenn du diesen heißen Herd berührst, wird das sehr weh tun." Die Kinder kamen nahe genug heran, um die Hitze zu spüren und meinten dann: „Oh, vielleicht hat Papa recht." Er sagte ihnen nicht, sie sollen ihn nicht anfassen; er ließ sie nur wissen, was passieren würde, wenn sie es täten.

Gary:

Als mein jüngster Sohn neun Monate alt war, gingen wir ins Lebensmittelgeschäft, und er stellte sich im Einkaufswagen hin. Er wollte sich nicht in den kleinen Sitz setzen. Eines Tages, als wir im Geschäft unterwegs waren, sagte ich: „Weißt du was, junger Mann? Du solltest dich wirklich hinsetzen, denn wenn du auf diesen harten Boden fällst, wirst du dir den Kopf aufschlagen, und das wird sich nicht gut anfühlen." Und er schaute mich an, machte „Oh!" und setzte sich hin.

Eine ältere Dame, die in der Nähe stand, fing an zu lachen. Sie sagte: „Das ist das Verrückteste, was ich je gesehen habe. Ich habe noch nie jemanden so mit einem Baby sprechen hören."

Ich sagte: „Er hat einen kleinen Körper, aber er ist ein unendliches Wesen."

Es ist erstaunlich, was für einen Unterschied es macht, wenn man Kindern Dinge erklärt, auch wenn sie sehr klein sind. Sie hören zu.

NICHT MEHR ALS VIER REGELN

Wenn deine Kinder schließlich Teenager sind, gib ihnen niemals mehr als vier Regeln. Bei meiner jüngsten Tochter lauteten die Regeln: 1) kein Alkohol am Steuer – weil ich weiß, dass du trinken wirst; 2) du kannst zu Hause trinken und deine Freunde können zu Hause trinken, solange ihr dann nicht irgendwo anders hingeht; 3) keine Jungs dürfen übernachten, wenn ich nicht zu

Hause bin; und 4) nie mehr als drei Jungs gleichzeitig im Haus. Denn wenn ich etwas über Jungs weiß, ist es, dass sie, wenn sie zusammenkommen, wirklich zur falschen Zeit rauflustig und verrückt werden können.

Ich fragte also: „Würdest du mich bitte anrufen und Bescheid geben, wann du nach Hause kommst – denn ich gehe nicht schlafen, bevor ich weiß, dass du da bist. Würdest du das bitte für mich tun? Das wäre wirklich hilfreich." Das war keine Regel; es war eine Bitte. Dies waren die einzigen Dinge, um die ich sie bat. Dann sagte ich: „Wenn du nicht auftauchst, werde ich rausgehen und nach dir suchen."

Dain:

Eines Nachts rief Grace Gary an und sagte: „Papa, ruf mich an und sag, dass ich nach Hause kommen muss."

Er sagte: „Okay", und rief gleich zurück und sagte: „Grace, du musst nach Hause kommen", und sie kam nach Hause.

Gary fragte sie: „Was war los?"

Sie sagte: „Wir waren bei meiner Freundin zu Hause und ihre Eltern waren weg. Da waren drei Mädchen und zwei betrunkene Jungs und fünf weitere betrunkene Jungs auf dem Weg zu uns. Das hat sich nicht sicher für mich angefühlt, und ich wollte, dass du mich da rausholst."

Gary:

Das ist gewahr sein anstatt vorsichtig sein.

Wenn du nur einige wenige Regeln hast, werden die Kinder anfangen, ihr Gewahrsein zu benutzen, sie werden anfangen, präsent in ihrem Leben zu sein, und sie werden nicht diese scheußlichen Situationen kreieren, mit denen viele Eltern sich auseinandersetzen müssen. Vertraue deinem Kind. Wenn du deinen Kindern vertraust und bereit bist, ihnen zu sagen, dass du ihnen vertraust, wird das einen erstaunlichen Unterschied in ihrem Verhalten bewirken.

Dain:

Bist du, wer du bist, aufgrund der Begrenzungen, die deine Eltern dir auferlegt haben – oder wegen des Vertrauens, das sie in dich gelegt haben? Ich würde sagen, du bist, wer du bist, hauptsächlich wegen des Vertrauens, das sie dir entgegengebracht haben.

Gary:

Oder bist du einfach toll geworden, weil du von Anfang an toll warst?

Dain:

Ich dachte immer, ich sei so gut in der Schule und so ein tolles Kind wegen all der Regeln und Einschränkungen, die mein Papa und meine Stiefmutter mir auferlegten. Ich dachte, sie seien notwendig, um ein Kind zu erziehen. Als ich es mir später ansah, merkte ich, dass die Regeln und Einschränkungen nichts damit zu tun hatten, wie ich geworden war. Ich verhielt mich, wie ich mich verhielt, wegen mir, trotz der Regeln und Einschränkungen.

Gary:

Also, alles, was du getan hast, um nicht anzuerkennen, dass nichts von der Disziplin, die dir auferlegt wurde, mit dir zu tun hatte, dass du einfach von Anfang an toll warst, und alles, was du nicht bereit gewesen bist, darüber zu wissen, zu sein, wahrzunehmen und zu empfangen, zerstörst und unkreierst du das nun alles? Right and Wrong, Good and Bad, POD, POC, All 9, Shorts, Boys and Beyonds®.

DER VERSUCH, KINDER ZU KONTROLLIEREN

Ich habe vier Kinder. Als das vierte Kind kam, war ich so verdammt müde, dass ich noch nicht einmal in Betracht ziehen konnte zu kontrollieren, was sie aß. Ich sagte einfach: „Iss alles, was du willst, Schatz." Sie ist jetzt in den Zwanzigern und ernährt sich am besten von all meinen Kindern. Wie ist das passiert? Ich habe nicht versucht, sie zu kontrollieren. Bei meinen anderen Kindern stellte ich sicher, dass alles bio war und dass sie nicht zu viel Zucker aßen. Es war Kontrolle, Kontrolle und Kontrolle.

Mein jüngster Sohn hatte einen Freund namens Matt, der immer bei uns zu Besuch kam. Wir hatten immer ein Teeservice auf dem Tisch, wenn jemand zu Besuch kam, mit einer Zuckerdose und Sachen zum Zubereiten und Servieren von Tee.

Jedes Mal, wenn Matt zu Besuch kam, fand ich einen großen Haufen Zucker neben der Zuckerdose und auf dem ganzen Tablett verteilt, und der Zuckerlöffel klebte vor Zucker. Ich wusste, dass Matts Eltern ihm verboten, Zucker zu essen, also kam ich nicht dahinter, wie es zu dieser Sauerei kam. Eines Tages, als er zu Besuch kam, versteckte ich mich im anderen Zimmer und wartete ab, um zu sehen, was vor sich ging.

Ich sah, wie er den Zuckerlöffel in die Zuckerdose grub und einen Löffel Zucker in seinen Mund schaufelte, und noch einen und noch einen. Ich kam raus und fragte ihn: „Matt, was machst du da? Den Zucker aus meiner Zuckerdose zu essen ist nicht in Ordnung für mich."

Matt schaute mich an, als habe er wirklich Angst.

Ich sagte: „Du darfst zu Hause keinen Zucker essen, stimmt's?"

Er antwortete: „Nein."

Ich fragte: „Was würde passieren, wenn ich es deinem Papa erzähle?"

Matt sagte: „Er würde mich schlagen."

Ich sagte: „Ich werde es deinem Papa nicht erzählen, aber du musst mir etwas versprechen. Ich lasse dich so viel Zucker essen, wie du willst, wenn du in meinem Haus bist, solange du nicht aus meiner Zuckerdose isst."

Er fragte: „Ich kann alles haben?"

Ich sagte: „Ja."

Die nächsten drei Male stopfte er sich wie irre mit Zucker voll, als er zu Besuch kam, und danach vergaß er es, weil es nicht mehr verboten war. Plötzlich verschwand die Notwendigkeit, das zu haben. Wir machen einen großen Fehler als Eltern, wenn wir unseren Kindern verbieten, Dinge zu haben oder zu tun.

Ich machte diesen Fehler mit meiner ältesten Tochter, die angeblich allergisch gegen Milchprodukte und Schokolade war. Wir stellten sicher, dass sie nur Ziegenmilch trank und keine Schokolade aß. Wir versuchten höllisch aufzupassen, was sie aß. Dann beschlossen wir eines Tages, als sie ins Sommercamp gefahren war, ihr Zimmer sauberzumachen. Unter dem Bett, im Schrank, in jeder Schublade und an allen Orten, die man sich nur vorstellen konnte, waren Schokoladenstücke und zusammengeknülltes Schokoladenpapier. Sie schmuggelte das Zeug die ganze Zeit rein.

Sei dir bewusst: Wenn du deinen Kindern etwas verbietest, werden sie es tun.

Dain:

Erkenne, dass deine Kinder genau so sind wie du. Sie sind genauso störrisch wie du. Was tust du, wenn dir jemand verbietet, etwas zu tun – selbst wenn du derjenige bist, der es verbietet? Hast du jemals versucht zu fasten? Du sagst dir selbst, dass du nicht essen kannst. Was willst du dann tun? Das Fasten so schnell wie möglich brechen! Alles, woran du denken kannst, ist essen.

Nun, deine Kinder sind genauso wie du. Wenn du nicht erwartest, dass deine Kinder anders sein werden als du, kannst du fragen: „Nun, was hätte ich an ihrer Stelle getan? Was hätte ich in ihrem Alter getan?" Du bekommst vielleicht eine klarere Perspektive darüber, von wo aus sie funktionieren. Wir neigen dazu, von unseren Kindern die Perfektion zu erwarten, die wir nie gewesen sind.

Was, wenn deine Kinder nicht perfekt sein müssten?

Gary:

Oder was wäre, wenn sie genauso, wie sie sind, perfekt sind?

Dain:

Was, wenn sie perfekt sind, genauso, wie sie sind, auch wenn sie ADS, ADHS, Zwangsstörung, Autismus oder etwas anderes haben?

Und was wäre, wenn du als Vater oder Mutter perfekt bist, genauso, wie du bist? Glaubst du, dass du der perfekte Elternteil sein musst, der gute Elternteil, und dass, wenn du nicht der gute Elternteil bist, wenn du nicht der perfekte Elternteil bist, deine

Kinder sterben und in die Hölle kommen oder verdorben und fürchterlich werden? Lass uns diese Ansichten klären.

All die Beschlüsse, Bewertungen, Ansammlungen und Schlussfolgerungen, die du hast, um die perfekte Mutter zu sein, der perfekte Vater, die perfekte Schwester, der perfekte Bruder, das perfekte Kind, die perfekte Tante, der perfekte Onkel, das perfekte Vorbild, der perfekte Lehrer, das perfekte Kindermädchen, der perfekte Großvater oder die perfekte Großmutter, und dass du beweisen musst, dass du der perfekte Sohn oder die perfekte Tochter bist, indem du deine Kinder genauso erziehst, wie deine Eltern dich erzogen haben, zerstörst und unkreierst du das nun alles? Right and Wrong, Good and Bad, POD and POC, All 9, Shorts, Boys, and Beyonds.

~ 20 ~
Dankbarkeit, Liebe und Fürsorge

Was wäre, wenn deine größte Kraft die Zärtlichkeit ist, die du sein kannst, die Freundlichkeit, die du sein kannst, die Fürsorge, die du bist, und der Raum unendlichen Erlaubens, der du bist?

~ Dr. Dain Heer

Gary:

Meine Freundin Annie, die eine Pferderanch hat, sagt, dass manchmal Leute ihre Ranch besuchen, um bei den Pferden zu sein und sie zu umarmen. Manche dieser Leute gehen auf die Pferde zu, als ob sie Geld verlangen, weil sie etwas von ihnen wollen. Die Pferde schauen sie an und fragen: „Wer bist du?" Sie wollen nichts mit ihnen zu tun haben. Die Leute sind am Boden zerstört.

Diese Leute sind nicht da, um dem Pferd irgendetwas zu geben. Sie sehen nicht das Pferd, das sie vor sich haben, sie fragen nicht, was das Pferd sich vielleicht von ihnen wünscht oder braucht, sie schauen nicht, was sie dem Pferd beitragen können; sie sind nur da, um zu empfangen. Wenn sie auf das Pferd achten würden und wüssten, wie es geht, würde das Pferd ihnen seine Aufmerksamkeit schenken. Aber aus der Sicht des Pferdes (und auch aus meiner Sicht) vermittelt ihr Verhalten keinerlei Fürsorge.

Das ist noch etwas, was wir von der Tierwelt gelernt haben. Wenn du für das Pferd oder den Hund oder die Katze dankbar bist, genau, wie sie sind, funktioniert alles. Du kannst ihnen unbegrenzt beitragen und von ihnen empfangen. Dasselbe gilt für deine Kinder. Wie zeigst du deinen Kindern, dass dir an ihnen liegt? Du zeigst ihnen, wie dankbar du für sie bist.

Dankbarkeit ist greifbar für ein Kind; Liebe ist nicht greifbar. Liebe ist verwirrend. Es gibt zu viele Definitionen für *Liebe*.

Anne:

Es gibt so viele Definitionen und Manifestationen von *Liebe,* wie es Menschen gibt. Nimm zum Beispiel die Aussage: „Ich liebe dich." Was bedeutet das für dich? Wahrscheinlich nicht dasselbe wie für mich. Ich höre häufig Eltern zu ihren Kindern sagen, direkt oder indirekt: „Wenn du mich lieben würdest, würdest du." Diese Liebe hängt davon ab, ob das Kind ist und/oder tut, was die Eltern wollen. In Familien, in denen es Wut oder Gewalt gibt, ist Liebe gekoppelt mit Drohungen, Angst und/oder physischen Übergriffen/Verletzungen. Eltern sagen Dinge wie: „Ich tue das, weil ich dich liebe." In anderen Beziehungen gehen Liebe und Schuld Hand in Hand. In einer Familie, die ich kenne, wurde das Kind von seinen Eltern für ihre finanzielle Situation verantwortlich gemacht: „Wenn wir dich nicht bekommen hätten, hätten wir mehr Geld." In manchen Familien hängt Liebe von Leistung ab – Schulnoten, Einkommen, Leistungen oder Applaus. In all diesen Beispielen geht Liebe mit Bewertung einher.

Gary:

Dankbarkeit zu vermitteln, ist viel wichtiger, als dem Kind zu sagen, dass du ihn oder sie liebst. Ich sprach mit einem Mann in Australien, dessen Ex-Frau ihre Tochter aus dem Land gebracht hatte. Er hatte das Mädchen siebzehn Monate nicht gesehen. Sie sollte nun wiederkommen, und er war sich unsicher, wie er auf sie zugehen sollte. Er fragt mich, wie er ihre Verbindung wieder aufleben lassen könnte.

Ich sagte: „Deine Tochter ist lange Zeit weg gewesen, aber hast du jemals wirklich die Verbindung zu ihr verloren?"

„Nein", antwortete er. Er merkte, dass die Verbindung nicht verloren gegangen war, obwohl sie über ein Jahr nicht mehr zusammen gewesen waren.

Ich sagte: „Manchmal versucht derjenige, der das Kind mitnimmt, dem Kind den Abschied leichter zu machen, indem er Dinge sagt wie: ‚Dein Vater will dich nicht.' Stell deiner Tochter Fragen wie: ‚Ist dir klar, dass ich dich die ganze Zeit gesucht habe? Was ist dir über meine Ansicht erzählt worden? Bist du dir bewusst, dass du das Wichtigste in meinem Leben bist? Bist du dir bewusst, wie wichtig du mir bist und dass ich dankbar bin, dich in meinem Leben zu haben?' Dann sage: ‚Ich danke dir so sehr, dass du zu mir zurückgekommen bist.'"

In dieser Realität dreht sich Liebe um Bewertung und Kritik. Bei Dankbarkeit ist das nicht so. Dankbarkeit ist der Ort, an dem du dankbar dafür bist, dass der andere in dein Leben getreten ist, dankbar für jedes Mal, wenn du mit ihm zusammen bist, ohne Bewertung. Anders als Liebe kann Dankbarkeit nur ohne Bewertung existieren.

Der erste Schritt ist, Dankbarkeit für dich zu haben. Wenn du keine Dankbarkeit für dich hast, kannst du sie nicht für dein Kind haben. Und wenn du keine Dankbarkeit hast, musst du bewerten. Sei dankbar für die Dinge, die du im Leben erreichen kannst, sei dankbar für die Dinge, die du im Leben wahrnehmen kannst, sei dankbar dafür, dass du dich nicht bewerten musst. Sobald du das tust, kannst du damit beginnen, dir gegenüber im Erlauben zu sein – und gegenüber allen anderen in deiner Umgebung, besonders deinem Kind.

Anne:

Was wäre, wenn du Dankbarkeit für dein Kind haben könntest, genau, wie es ist, egal, was andere denken, und ungeachtet dessen, was andere sagen? Was wäre, wenn du die Andersartigkeit deines Kindes begrüßen könntest?

Kinder mit Autismus funktionieren hauptsächlich aus der Energie heraus, anstatt aus Emotionen, Gedanken oder Gefühlen. Sie zeigen Zuneigung ganz anders als andere Kinder; tatsächlich mag es bisweilen keine physischen Zeichen für Zuneigung oder Liebe geben, weil sie Schmusen, Umarmungen und Augenkontakt häufig nicht mögen. Wenn du dich jedoch energetisch auf dein Kind einstimmst, wirst du wissen, was in seiner Welt vor sich geht.

Als Temple Grandin bei einem TEDx Talk gefragt wurde, ob es unrealistisch von den Eltern eines autistischen Kindes sei zu denken, dass ihr Kind sie liebt, antwortete sie: „Nun, lassen Sie mich Ihnen sagen, Ihr Kind wird loyal sein, und wenn Ihr Haus abbrennt, wird Ihr Kind Sie da rausholen."

Ein fünfjähriger Junge im Autismusspektrum wurde zu mir gebracht, weil er aufgehört hatte zu sprechen. Er stellte keinen Blickkontakt zu mir her und ließ seinen Vater sprechen und ihm Spielzeug holen. In der ersten Sitzung saß ich auf dem Boden und sprach mit seinem Papa. Ich behielt den Jungen im Augenwinkel, weil ich wusste, dass es zu viel für ihn wäre, wenn ich ihn direkt anschauen würde. Ich stellte mich ihm einfach energetisch zur Verfügung. Ich stellte keinerlei Forderungen an ihn. Am Ende der ersten Sitzung spielte er mit dem Spielzeug auf dem Boden und saß in meiner Nähe mit dem Rücken zu mir.

Nach drei Monaten sprach er, nicht nur mit seinen Eltern und Leuten in seiner Gemeinde. Mochte er mich? Ja. Mochte ich ihn? Ja. Zeigten wir unsere Zuneigung durch Umarmungen oder Berührung? Nein. Woher wusste ich, dass er mich mag? Weil seine Augen aufleuchteten, wenn er mich im Empfangsraum sah, darauf bestand, mir Geschichten zu erzählen und seinen Papa zum Schweigen brachte, wenn der versuchte, Dinge klarzustellen, und an der Art, wie er zu seinem Papa sagte: „Papa, wir leben jetzt hier. Wir müssen nicht nach Hause gehen!"

Sein Papa verstand das alles und versuchte nicht, von ihm einzufordern, dass er schmuste wie sein jüngerer Bruder. Auch forderte er nicht, dass sein Sohn etwas sein solle, was er nicht war; stattdessen zeigte er seine Fürsorge, indem er es seinem Sohn erleichterte, Werkzeuge zu erlernen, um mit mehr Leichtigkeit in der Welt zu funktionieren.

Gary sagt: „Wahre Fürsorge ist, wenn du nichts und niemanden verteidigst." Der Vater dieses Jungen verteidigte seinen Sohn nicht, und er verteidigte auch niemand anderes Ansicht. Er war einfach im Erlauben – und dankbar für seinen Sohn, genau wie er war.

Gary:

Für mich geht es bei wahrer Fürsorge darum, im Erlauben zu sein und die unendliche Wahl anzuerkennen, die Kinder haben. Wahre Fürsorge ist, wenn du dem anderen zugestehst, genauso zu sein, wie er ist, und zu tun, was er tut, und keine Ansicht darüber hast.

~ 21 ~
DIE FÄHIGKEIT UND BEREITSCHAFT WAHRZUNEHMEN, WAS IST

Wenn Kinder die Gedanken, Gefühle und Emotionen aller Menschen in ihrer Umgebung aufschnappen und du auf sie projizierst, dass sie behindert sind, was hast du dann getan?
~ Gary Douglas

Gary:

Wahrnehmen bedeutet, sich dessen gewahr zu sein, was gerade geschieht. Wenn du etwas wahrnimmst, hast du das Gewahrsein davon, was jetzt hier gerade ist, ohne zu schlussfolgern, dass es deswegen immer so sein wird. Was sich morgen zeigt, könnte anders sein. Wenn du wahrnimmst, was ist, und eine Frage stellst, anstatt zu einer Schlussfolgerung zu kommen, wirst du noch mehr Gewahrsein haben.

Anne:

Im vorigen Kapitel sprach ich über einen fünfjährigen Jungen im Autismusspektrum, der aufgehört hatte zu sprechen. Als sein Vater ihn zum ersten Mal in meine Praxis brachte, weigerte sich der Junge zu sprechen, geschweige denn, meine Anwesenheit anzuerkennen. Hätte ich meine Wahrnehmung von ihm zu der Schlussfolgerung gemacht, dass etwas mit ihm nicht stimmte oder dass er nie wieder sprechen würde, hätte ich ihm die Energie geschickt, die er bereits aus vielen verschiedenen Quellen erhielt. Ich wäre wie die Mutter gewesen, die Dain erwähnte, die die Symptome von Autismus im Internet recherchierte, und deren

Sohn Nicolas sie aus ihrem Kopf aufgriff und anfing, diese Symptome und Verhaltensweisen aufzuweisen.

Anstatt jedoch Schlussfolgerungen über meinen Klienten zu treffen, der nicht sprach, stellte ich Fragen wie:

- Was ist das?
- Was würde es brauchen, damit sich das ändert?
- Was ist richtig hieran, dass ich nicht mitbekomme?
- Was sagt er uns (indem er nur selektiv spricht)?
- Was ist der Wert daran, nicht zu sprechen?

Diese Fragen gaben mir viel Gewahrsein über diesen Jungen, seine Familie und darüber, was für ihn möglich war. Sie zeigten mir auch weitere Fragen, die ich ihm und seinem Vater stellen konnte, damit sie mehr Gewahrsein haben konnten.

Wahrnehmen bedeutet nicht, vorzugeben, dass etwas, was ist, nicht ist. Es geht nicht darum zu sagen: „Alles ist gut", wenn in Wirklichkeit vielleicht etwas vor sich geht, das nicht funktioniert und verändert werden könnte. Es ist kein blindes Vertrauen, dass, wenn man nur positiv denkt, alles am Ende gut wird. Nein! Es geht darum, bereit zu sein, mit dem zu sein, was ist. Im Fall dieses kleinen Jungen ging es darum wahrzunehmen, dass er nicht sprach, und dann Fragen dazu zu stellen, was es brauchen würde, um das zu ändern.

DIE BEREITSCHAFT ZU SEHEN, WAS IST

Gary:

Der Schlüssel dazu, neue Möglichkeiten für dich und dein Kind in Betracht zu ziehen, liegt in der Fähigkeit und Bereitschaft, zu sehen, was ist. Die Bereitschaft zu sehen, was ist – es wahrzunehmen und zu empfangen – ist der ausschlaggebende Faktor. Ohne diese Fähigkeit werden Eltern nicht in der Lage sein, die Informationen zu empfangen, die sie brauchen, und sie werden nicht sehen, was mit ihrem Kind möglich ist. Sie werden wie so viele Menschen aus ihren vorgefertigten Beschlüssen, Schlussfolgerungen und Bewertungen funktionieren, anstatt aus der klaren Wahrnehmung des außerordentlichen Wesens, das vor ihnen steht.

Dain:

Wenn du keinen vollständigen Zugang zur Wahrnehmung von etwas hast, liegt das daran, dass du irgendwann beschlossen hast, dass es unmöglich ist. Wenn du zum Beispiel beschlossen hast, dass du auf keinen Fall alles wahrnehmen kannst, was im Universum eines autistischen Kindes vor sich geht, einschließlich all der Informationen, die es mitteilt und empfängt, wirst du auf keinen Fall in der Lage sein, das wahrzunehmen.

Anne:

Was wäre, wenn du als Elternteil jeden Morgen zerstören und unkreieren könntest, wo du nicht bereit bist, wahrzunehmen und zu empfangen, *was* mit deinem Kind *ist*?

> *Überall, wo ich nicht bereit bin, zu zerstören und unzukreieren, was mit meinem Kind ist, zerstöre und unkreiere ich alles. Right and Wrong, Good and Bad, POD and POC, All 9, Shorts, Boys, and Beyonds®.*

Gary:

Manchmal beginnen Eltern vielleicht, die Wahrheit ihrer Kinder wahrzunehmen, was großartig ist, aber gleichzeitig möchten sie, dass ihr Kind sich an all die Normen und Erwartungen dieser Realität anpasst. Sie hängen in einer festen Ansicht darüber fest, wie das auszusehen hat. Sie erkennen an, dass sie durchaus die Talente und Fähigkeiten ihrer Kinder sehen, und das ist ehrlich, und dann fragen sie: „Also, wie kriegen wir ihn dazu, dass er normal ist? Wie bringen wir ihn dazu, sich anzupassen?"

Dain:

Das wäre so, als würde Einsteins Mutter fragen: „Wie kann ich Albert dazu bringen, diese Relativitätstheorie zu vergessen, an der er arbeitet, und ein wenig normaler zu werden?"

Gary:

Genau: „Albert, befass dich nur mit der normalen Mathematik. Mach nicht dieses seltsame Zeug." Es ist so, als würden wir versuchen, die Einsteins dieser Welt zu Erbsenzählern zu machen. Es ist nicht möglich; es kann so nicht funktionieren, aber wir versuchen es immer weiter, als ob es irgendwie irgendwann funktionieren würde.

Dain:

Es scheint so, als ob niemand dies aus der Perspektive von „Was ist hier möglich?" betrachtet. Stattdessen sagen alle: „Du bist verkorkst. Wie können wir dich normal machen? Wie können wir deine Fähigkeiten verringern, damit du zu uns passt?" Es ist so, als ob wir Leute hätten, die fliegen können, aber wir wollen das stoppen. Wir kaufen ihnen Bleistiefel und wenn sich herausstellt, dass sie sogar mit den Bleistiefeln richtig gut fliegen können, kaufen wir ihnen Bleianzüge.

Gary:

In den USA haben wir eine Fließband- und Massenproduktionsansicht eingenommen. Wir bringen ein Produkt heraus und produzieren es immer und immer wieder. Wir haben Massenprodukte und Restaurantketten. Man kann auf der ganzen Welt zu einem McDonalds, Kentucky Fried Chicken oder Pizza Hut gehen und dasselbe Produkt bekommen. Egal, was es ist, sie machen alles gleich. Die Notwendigkeit, alles gleich zu machen, hat den Wert der Individualität aufgehoben.

Wir lernen alle einzigartig, und leider ist die Vorstellung davon, einzigartig zu sein und zu lernen, aus der Mode gekommen. Wir bevorzugen jetzt die schablonenhafte Herangehensweise. Und wir sind auf Zerstörungskurs. Wir verbrauchen den Planeten so schnell wie möglich, weshalb die X-Men uns vielleicht etwas sehr Wichtiges darüber zu sagen haben, dass *nicht* normal zu sein etwas sehr Gutes ist.

Dain und ich verbrachten einige Zeit mit einem jungen autistischen Jungen in Perth, der eine erstaunliche Fähigkeit hatte, mit Ton zu arbeiten. Er formte wunderschöne, riesige Dinosaurier in etwa drei Minuten. Seine Mutter war zu uns gekommen, weil sie fürchterliche Schwierigkeiten mit ihm hatte. Sie wollte, dass er „normaler" wird.

Dain:

Wir sagten zu der Mutter: „Er ist so aufgeweckt!"

Gary:

Die Mutter meinte: „Aber er spricht nicht."

Ich fragte: „Muss er sprechen, damit du weißt, was er tut?"

Sie sagte: „Naja, nein, aber er muss sprechen, um zur Schule zu gehen."

Ich sagte: „Nun, vielleicht im Moment, aber hoffentlich wird es eine Zeit geben, in der das nicht nötig ist."

Nachdem wir mit diesem kleinen Jungen gearbeitet hatten, schaute er uns direkt in die Augen. Er sagte: „Danke, danke, danke."

Dann kletterte er auf den Schoß seiner Mutter und umarmte sie. Sie brach in Tränen aus, weil dieses achtjährige Kind noch nie auf ihren Schoß geklettert war und sie umarmt hatte. Es war eine riesige Veränderung.

Es war sehr schade, dass seine Mutter so sehr darauf fixiert war, dass er lernen sollte, linear zu funktionieren, weil der Junge mit seinen künstlerischen Gaben ein außerordentlicher Künstler sein könnte. Leider wird sein künstlerisches Talent nie entwickelt werden, weil seine Eltern und Lehrer, anstatt zu sehen, was er tun kann, versuchen, seine linearen Fähigkeiten zu entwickeln, damit er mehr so ist wie alle anderen. Sie schätzen seine Andersartigkeit nicht; sie haben sogar Angst davor. Ein großer Teil unseres Schulsystems hat Angst vor Dingen, die anders sind.

ELTERN MIT EINEM INTERESSE DARAN, EIN „BEHINDERTES" KIND ZU HABEN

Ich hatte ein Mädchen mit paranoider Schizophrenie in einem meiner Kurse in New York. Sie war ein Portal, ein Zugang für Entitäten. Im Kurs schlossen wir die Portale, und die Entitäten, die da waren, verließen sie. Das machte ihr Leben viel leichter.

Einige Tage später ging ich mit dem Psychiater und den Eltern des Mädchens zum Mittagessen. Der Psychiater wollte wissen, was ich gemacht hatte, weil ich an einem Wochenende ein Ergebnis erzielt hatte, das er in einem ganzen Leben nicht erreicht hatte.

Ich sagte: „Wir haben nur die Portale geschlossen und ihr beigebracht, wie sie mit den Entitäten umgehen kann."

Die Mutter des Mädchens drehte sich zu mir um und sagte: „Nein, es ist nicht, was *Sie* gemacht haben." Dann drehte sie sich zum Psychiater um und sagte: „Das sind die Medikamente, die Sie ihr gegeben haben. Sie haben endlich die richtige Dosis herausgefunden."

Der Psychiater schaute sie an und dachte: „Oh, jetzt weiß ich, wo das Problem liegt."

Ich wusste auch, wo das Problem lag. Die Mutter wollte, dass ihre Tochter behindert ist; sie wollte nicht, dass ihr Kind in der Lage ist, ihr eigenes Leben im Griff zu haben.

Eltern wie diese Mutter ärgern sich möglicherweise, wenn man die sogenannten Behinderungen ihrer Kinder aufhebt. Sie möchten beweisen, wie sehr sie sich um ihre Kinder sorgen, indem sie zeigen, wie besonders ihre Kinder sind. Es ist etwas wertvoll für sie daran, wenn sie ihrem Kind einen Stempel aufdrücken. Das gibt ihnen jemanden, der sie nie verlassen wird. So haben sie das Kind für immer. Und sie wollen nicht anerkennen, dass sie eine andere Möglichkeit haben könnten.

Was geht in solchen Fällen vor, wenn die Eltern ein Interesse daran haben, dass ihr X-Man-Kind „normal" oder „besonders" ist, anstatt, wer es wirklich ist? Sie nehmen das unglaubliche Wesen, das sie vor sich haben, nicht wahr, sehen und empfangen es nicht. Sie finden etwas Falsches an ihrem Kind, wozu sie entweder in Widerstand und Reaktion gehen – oder in Anpassung und Zustimmung. Was aber, wenn es überhaupt nichts Falsches gäbe?

Ich arbeitete mit einem kleinen Jungen in Perth, der ständig Möbel berührte. Er war schon zu vielen Seelenklempnern, Psychologen und Leuten gebracht worden, die ihn testeten und einschätzten. Ich setzte mich mit ihm hin und sagte: „Ich bin nicht hier, um dich zu testen, ich bin nur hier, um mit dir darüber zu sprechen, was du tun kannst und dass mit dir nichts falsch ist."

Er hatte keine Lust auf diese Unterhaltung. Er saß eine Weile bei mir und streckte dann seine Hand aus, um die Möbel zu berühren. Ich beobachtete ihn einige Minuten und fragte: „Welche Informationen bekommst du von den Möbeln, wenn du sie berührst?"

Niemand hatte das jemals anerkannt. Der Junge dachte: „Wah! Dieser Typ kriegt was anderes mit als alle anderen!"

Ich fragte: „Ist dir klar, dass du wie Harry Potter bist? Du hast Magie, weil du Sachen berühren kannst und sie mit dir sprechen."

Der Junge dachte einen Moment nach und sagte: „Ja, ich bin so."

Dain:

Alle anderen machten seine Fähigkeiten zu etwas Falschem. Kannst du dir vorstellen, wie das wäre, wenn du eine außergewöhnliche Fähigkeit hast und alle dich als seltsam, behindert und falsch sehen? Wie würdest du dich in deinem Leben fühlen? Würdest du dir deine Fähigkeiten erschließen – oder würdest du sie so weit wie möglich abschalten?

Danach konnte der Junge einige seiner Gedanken, dass er behindert sei, loslassen. Es ist wirklich bedauerlich, dass so viele

Kinder, die die Fähigkeiten haben, die wir beschrieben haben, als behindert bezeichnet werden.

Gary:

Ist es hilfreich für ein Kind, wenn die Leute es als behindert oder gestört sehen? Nein! Diese Kinder erleben unnötige Schmerzen und Leiden, weil wir versuchen, sie begrenzt zu machen, anstatt zu sehen, was ihre wahren Fähigkeiten sind. Wir projizieren auf sie, dass sie behindert sind, dumm, falsch und anders als andere. Sie schnappen das alles auf, auch wenn es nicht laut ausgesprochen wird.

Jemand sagt den Kindern, sie seien behindert, und dann versuchen sie, zu dem zu werden, was man ihnen sagt, dass sie seien. Nach dem Motto: Jetzt habe ich den Titel und spiel das Spiel. Eine Lehrerin erzählte mir, sie hätte Kinder in ihrer Klasse, denen gesagt wurde, sie hätten ADS. Ihr war klar, dass diese Kinder kein ADS hatten; sie hatten angefangen, das Verhalten anderer Kinder, die es hatten, nachzuahmen. Sie sagte zu mir: „Das ist ein großes Problem. Wie würdest du damit umgehen?"

Ich sagte: „Diagnose ist tödlich. Wenn du den Kindern zeigen kannst, dass du ihre Fähigkeiten nicht als Behinderungen siehst, kann das einen Riesenunterschied bewirken. Eines, was du direkt tun kannst, ist, die Kinder zu fragen, ob sie wirklich behindert sind – oder ob sie eine Fähigkeit haben." Oft wissen sie, dass sie außergewöhnliche Fähigkeiten haben, und wenn du diese Frage stellst, ermöglicht das ihnen zu wissen, was sie wissen.

Letztendlich ist das Anerkennen, dass Kinder – alle Kinder – unendliche Wesen mit einer unendlichen Fähigkeit sind, wahrzunehmen, zu wissen, zu sein und zu empfangen, das Wichtigste, was du als Eltern oder Lehrer tun kannst, um sie zu unterstützen. Das gilt ganz besonders für Kinder mit Autismus,

Zwangsstörung, ADS, ADHS und all den anderen Diagnosen, denn sie haben wirklich besondere Begabungen.

Anne:

Ich habe mit vielen Eltern gearbeitet, die die Etiketten und Diagnosen abgekauft haben, die ihren Kindern gegeben wurden, nicht weil sie notwendigerweise daran geglaubt haben, sondern weil ihnen nicht bewusst war, dass es eine andere Möglichkeit gibt, all dies zu betrachten. Sie funktionierten aus dem Raum, das Beste zu tun, was sie konnten, mit den Informationen, die sie zu diesem Zeitpunkt hatten. Sogar die Eltern, die sich so zu verhalten schienen, als ob sie es brauchten, dass ihr Kind ein Problem oder eine Behinderung hat, änderten manchmal ihre Funktionsweise, als ihnen eine andere Möglichkeit gezeigt wurde. Ich bin bereit, durchzuhalten bei den Eltern, die immer wieder kommen, selbst wenn es im Moment nicht viel Veränderung zu geben scheint. Diejenigen, die an die Vorstellung gebunden sind, dass mit ihrem Kind etwas falsch ist, sind diejenigen, die aufhören zu mir zu kommen, nicht, weil ich sie vertreibe, sondern weil ich nicht die Haltung einnehme, dass mit ihren Kindern oder ihnen irgendetwas falsch sei.

Wie arbeite ich mit den einzelnen Eltern? Ich frage sie immer, was sie gerne davon haben möchten, mich als Therapeutin für ihre Kinder zu haben. Und ich nehme keinen Standpunkt zu dem ein, was auch immer sie sagen. Ich stelle ihnen viele Fragen und viele von ihnen können in Bezug auf ihr Kind in einen anderen Raum gehen. Und manche wählen, dies nicht zu tun. Manche ändern sich schnell; andere nehmen sich viel Zeit. Vor Kurzem dankte mir eine Mutter, dass ich sie nicht bewertet hatte, weil sie sich so sträubte, sich zu verändern, und ich so geduldig mit ihr war. Wie Gary sagt: „Du hörst es, wenn du es hörst!"

TRENNUNG ODER INTEGRATION?

Gary:

Ich bin gefragt worden, ob es am besten für X-Men-Kinder ist, mit den sogenannten normalen Kindern gemeinsam zur Schule zu gehen – oder ob es besser für sie ist, im Unterricht mit Kindern zusammen zu sein, die eher so sind wie sie. Meine Perspektive ist, dass es wahrscheinlich am hilfreichsten ist, sie zu trennen und ihnen die Werkzeuge zu vermitteln, um mit der Welt umzugehen und zu verstehen, dass sie Fähigkeiten haben – und keine Behinderungen. Sie können bei den anderen Kindern integriert werden, sofern sie das möchten. Wenn ihr sie fragt, werden sie euch sagen, wann sie integriert werden möchten.

Dain:

Es scheint jüngeren Kindern leichter zu fallen, bei anderen Kindern im Unterricht integriert zu sein, weil jüngere Kinder nicht wissen, was „behindert" bedeutet, also projizieren sie dieses Label nicht so stark auf sich selbst; allerdings werden sie damit anfangen, wenn die Lehrer und Eltern das tun.

Gary:

Manche der Kinder, von denen wir hier gehört haben, haben gewählt, integriert zu werden. Anfangs wollten sie nicht gemeinsam mit den anderen Kindern im Unterricht sein, weil es ihnen nicht gefiel, mit Kindern zu tun zu haben, die sie als „behindert" sahen.

Ihre Lehrerin sagte: „Hey, ihr seid mehr wie Harry Potter; ihr seid mehr wie die X-Men."

Sie meinten: „Wirklich?"

Sie sagte: „Ja, ihr seid Mutanten."

Die Kinder erwiderten: „Oh, okay, klasse." Ein Mutant zu sein, war in Ordnung für sie, weil die Kids in den X-Men-Filmen total cool sind und nicht so funktionieren wie andere Leute. Dieser kleine Dreh ermöglichte es ihnen, mit den anderen Kindern zusammen zu sein, selbst wenn die anderen Kinder sich über sie lustig machten, weil sie „besonders" waren.

~ 22 ~
DIE SPRACHE DER ENERGIE

Die primäre Sprache des Lebens ist Energie.
~ Gary Douglas

Anne:

Eine der ersten Fragen von einem Access Consciousness-Facilitator, an die ich mich erinnere, war: „Was wäre, wenn deine primäre Sprache Energie ist?" Das ergab endlich Sinn für mich! Ich hatte mich immer schon gewundert, wie ich selbst mit vier Jahren schreiende Babys beruhigen konnte, ohne ein Wort zu sagen. Was, wenn wir damals die Sprache der Energie sprachen?

Als deine Kinder Babys waren, konntest du unterscheiden zwischen einem müden Schreien, einem „nasse Windel"-Schreien und einem hungrigen Schreien? Bevor der Wortschatz deines Kindes entwickelt war, warst du in der Lage zu wissen, was er oder sie brauchte? Konntet ihr kommunizieren? Das ist es, was ich als Sprache der Energie bezeichne. Sie ist nicht verbal und ganz sicher nicht kognitiv. Die Sprache der Energie umgeht unser logisches Hirn und geht zu dem, was darunter ist, nämlich der Essenz dessen, was kommuniziert wird.

Nach dem Tod meines Stiefvaters lebte meine Mutter in den letzten zwei Jahren ihres Lebens bei meinem Mann und mir. Sie hatte starke Demenz und mit der Zeit waren sowohl ihr Kurzzeitgedächtnis als auch ihr Langzeitgedächtnis betroffen. Sie hatte drei Lieblingsfragen, die sie in Dauerschleifen stellte: „Wie spät ist es?" „Welches Datum haben wir?" und „Wo ist Josie?"

(Josie war ihre Katze.) Und sobald die Antwort über unsere Lippen war, konnte sie sich schon nicht mehr an unsere Antwort erinnern – niemals.

Ab und zu wurde sie ganz aufgeregt und sagte Sachen wie: „Warum lebe ich noch? Ich habe zu lange gelebt! Ich will hier nicht mehr sein!" Ich fragte den Hospizseelsorger, was ich meiner Mutter Tröstendes sagen könne, und er beschrieb etwas, das er als „Unterhaltungen des Herzens" bezeichnete. Aus meiner Perspektive hatten diese Unterhaltungen weniger mit dem Herzen und mehr mit Energiekommunikation zu tun.

Also sagte ich zu ihr: „Ich weiß auch nicht, warum du noch hier bist, Mama. Ich bin froh, dass du es bist. Ich möchte, dass du keine Minute früher gehst, als du möchtest und keine Minute länger bleibst, als du möchtest. Du wirst wissen, wann es an der Zeit ist, und ich werde alles tun, was ich kann, um dich zu unterstützen." Und weil sie meine Mutter war, versicherte ich ihr, dass ich glücklich bin und dass ich sie nie vergessen würde und dass ich ihr so dankbar bin. Ich dankte ihr für alles, was sie für mich getan hatte.

Ihre Erleichterung war sichtbar. Ihr Körper entspannte sich, die Sorge wich aus ihrem Gesicht, und sie stellte diese Frage mehrere Monate lang nicht mehr. Und wenn sie sie stellte, sagte ich dasselbe mit demselben Ergebnis, bis sie wählte zu gehen.

Obwohl ich Wörter verwendete, um mit ihr zu sprechen, war mir klar, dass das, was sie empfing, die Energie meiner Mitteilung war – ganz ähnlich wie bei den schreienden Kindern, die ich als kleines Mädchen hatte beruhigen können.

Dain:

Hast du jemals jemanden umarmt und das Gefühl gehabt, du könntest da ewig so stehen und dahinschmelzen, praktisch in die Person hineinfallen, die du umarmst? Und hast du im Gegensatz dazu jemals jemanden umarmt, wo es sich anfühlte, als umarmtest du einen Felsen auf Beinen? Sind diese beiden Erfahrungen unterschiedlich? Dann weißt du, was wir meinen, wenn wir über Energie sprechen.

Dies sind völlig unterschiedliche energetische Erfahrungen – zwei völlig unterschiedliche „Energien."

So einfach ist das.

Gary:

Was ist die Basis des Universums? Energie. Jedes Partikel des Universums hat Energie und Bewusstsein. Energie ist die Substanz, durch die Transformation geschieht. Energie ist präsent, wandelbar und auf Wunsch veränderbar.

Was du an Mitteilungen aussendest und empfängst, läuft viel mehr energetisch ab als in Worten, aber wenn du wie die meisten Leute bist, bist du dir weitgehend nicht gewahr, dass du über Energie kommunizierst. Wir schauen, wie wir die Kommunikation, die du mit deinen Kindern hast, öffnen können, damit du auf energetischer Ebene mit ihnen kommunizieren kannst. Anne macht das ständig in ihrer Arbeit. Wenn sie in einer Sitzung mit Kindern ist, verwendet sie manchmal Bilder zum Kommunizieren und manchmal nicht – aber es ist nie nur eine lineare Unterhaltung in Worten. Es ist immer eine unmittelbare energetische Kommunikation, die von ihr zu dem Kind geht. Und zwar: „Was machst du? Ich bin hier. Ich bin hier bei dir."

Autistische Kinder sind hervorragend in energetischer Kommunikation. Dies ist einer der Bereiche, in denen wir sehr viel weniger gewahr sind als sie. Diese Kinder haben ein intensives Gewahrsein von den Energien in einem Raum. Das ist viel intensiver, als die meisten von uns ertragen können.

Dain:

Wenn dein Kind nicht spricht, erkenne einfach an, von wo er oder sie funktioniert.

Anne:

Und erkenne an, was er oder sie mitbekommt. Wenn es zum Beispiel finanzielle Sorgen oder Sorgen um die Großeltern gibt, ist es ein Fehler vorzugeben, das wäre nicht so. Kinder sind sehr viel mehr in der Lage, in die Energie dessen hineinzugehen, was vor sich geht, als die meisten von uns ihnen zugestehen. Selbst wenn dein Kind nicht spricht, kannst du mit ihm oder ihr so sprechen wie ich mit meiner Mutter, und dein Kind wird es verstehen. Du musst deinem Kind natürlich keine unnötigen Details mitteilen, aber indem du die Energie dessen anerkennst, was vor sich geht, gibst du dem Kind das Geschenk seines oder ihres Gewahrseins.

Gary:

Kinder bekommen das mit, besonders Kinder mit Autismus. Wenn die Energie einer Situation nicht zu den Wörtern passt, die ausgesprochen werden, werden sie verwirrt und können auf verschiedene Arten reagieren, von extremer Aufregung bis hin zum Abschalten und Aussteigen. Für sie ist die Welt ein irrsinniger Ort, wo das, was die Menschen denken, nicht das ist, was aus ihrem Mund kommt, und das, was die Menschen denken, nicht zu dem passt, was sie tun.

Autistische Kinder fühlen das alles, können sich aber keinen Reim darauf machen. Sie können in ihrem Universum keine Ordnung diesbezüglich herstellen. Wenn du anfängst, über diese Dinge mit ihnen zu sprechen, fängt das Chaos in ihrem Universum an, sich zu entwirren. Sie fangen an zu erkennen: „Oh, ich muss gar nichts damit tun. Es ist nicht wirklich wichtig." Wenn sie merken, dass es jemanden gibt, mit dem sie sich verbinden und kommunizieren können, fängt das an, ein Gefühl von Frieden in ihnen zu kreieren. Eine Menge ihrer Nervosität fängt an zu verschwinden.

Dain:

Wenn dein Kind nicht spricht, erkenne einfach an, von wo er oder sie funktioniert. Wenn du Eltern oder Lehrer eines autistischen Kindes bist oder jemand, der mit autistischen Kindern zu tun hat, kannst du sagen: „Hey, weißt du was? Durch Energie zu kommunizieren ist eine Fähigkeit. Fast niemand versteht das. Wir können üben, wie du mit der Welt da draußen kommunizieren kannst." Du bietest ihnen eine Weise, auf die sie wirklich anfangen können, mit dem Rest der Welt zu kommunizieren.

EIN EXPERIMENT

Eine Freundin von mir, die mit Kindern mit besonderen Bedürfnissen im öffentlichen Schulsystem arbeitet, erzählte mir von einem „Experiment", das sie durchführte, in dem sie sich mit den Kindern in ihrem eigenen Raum verband. Sie wollte mit energetischer Kommunikation spielen, um zu sehen, ob sie wirklich funktioniert.

Sie beschloss, nicht mit den Kindern zu sprechen, wenn sie das Klassenzimmer betrat, um mit einigen der Kinder zu arbeiten. Sie versuchte nicht, Augenkontakt mit ihnen herzustellen. Sie ging einfach nur vom vorderen Teil des Klassenzimmers in den hinteren Teil, wo die Computer standen, und setzte sich an einen der Computer. Ihre Idee war herauszufinden, ob sie sich energetisch mit den Kindern verbinden könnte, ohne Worte, Augenkontakt oder Körpersprache zu benutzen.

Also saß sie im hinteren Teil des Raumes an einem Computer und bat nur darum, Raum zu sein und sich mit den Kindern zu verbinden. In weniger als dreißig Sekunden drehte sich ein junger Schüler, der etwa drei Meter entfernt war, um, schaute ihr in die Augen und sagte: „Ich liebe dich."

Meine Freundin sagte: „Ich war bereit, da hinauszugehen, wo er war und einfach der Raum zu sein, und dies wurde eine Einladung für ihn, sich mit mir zu verbinden."

Anne:

Wenn ich über das Kommunizieren durch Energie spreche, sagen mir viele Menschen, mit denen ich spreche, sie könnten so nicht kommunizieren. Was, wenn das nicht stimmt? Auch wenn wir uns dessen nicht gewahr sind, ist das etwa nicht unsere primäre Kommunikationsform?

Nimm beispielsweise einen Zeitpunkt zu Hause, der voller Drama und Aufregung ist, wie morgens rechtzeitig aus dem Haus zu kommen. Was passiert energetisch in deinem Haus, wenn der erste Wecker klingelt? Und dann der nächste? Und dann, wenn es an der Zeit ist, dein Kind zu wecken, das lieber im Bett oder zu Hause bleiben würde? Und so weiter und so fort … Gibt es da nicht ein energetisches Muster, das etabliert ist, das so viel besagt wie *morgens ist es furchtbar?* Kannst du die Energie zwischen allen Leuten bei dir zu Hause spüren, die Energie von *Jetzt geht das schon wieder los?*

Also, nimm zum Beispiel eine Zeit mit deinem Kind, die schön, leicht und freudvoll war, wie *gemeinsam* in einem See oder einem Swimmingpool zu spielen oder ein Buch zu lesen oder einfach friedlich zusammen in einem Raum zu sein. Kannst du in die Energie davon hineingehen? Siehst du, wie ihr energetisch miteinander kommuniziert habt?

~ 23 ~
Tipps und Werkzeuge für Erfolg in der Schule

„Gib mir die Antwort."
Sobald wir in die Schule kommen, werden wir darauf trainiert, die Antwort zu haben.

~ Gary Douglas

Anne:

Derzeit funktioniert das Bildungssystem aus einer Mentalität von „lerne dies, wiederhole dies, bete es nach, lerne dies, wiederhole dies, bete es nach." Ist das Lernen – oder ist das Programmieren? Im Grunde programmieren die Schulen Kinder darauf, gute Bürger zu sein; sie werden darauf trainiert, gut mit dem Rest der Welt zu funktionieren und keinen Ärger zu machen.

Eines der Ziele, die wir bei Access Consciousness haben, ist, Schulen einzurichten, die allen Kindern helfen, Zugang zu ihrem Wissen zu bekommen. Wir sind vielen Schülern begegnet, auch im regulären Schulsystem, die die Fähigkeit haben, sofort die Antwort auf eine Matheaufgabe zu wissen – aber sie können nicht die Schritte aufzeigen, wie sie zur Antwort gekommen sind; tatsächlich existieren diese Schritte für sie nicht, weil sie die Antwort einfach wissen. Das kann auch Naturwissenschaft oder jedem anderen Bereich passieren. Das Kind schaut sich eine Aufgabe oder eine Frage an und zack! – er oder sie hat die Antwort.

Lehrer neigen dazu, Kinder deswegen falsch zu machen. Daher denken die Kinder oft, dass etwas mit ihnen nicht stimmt, weil sie es *wussten* – aber Antwort nicht beweisen oder erklären konnten, wie sie dazu gekommen sind. Wenn wir als Eltern, Lehrer und Erzieher dahin kommen können, dass wir als Wesen auf diese Art aus unserem Wissen schöpfen können, können wir das gesamte Bildungssystem verändern.

WERKZEUG: WEIßT DU DIE ANTWORT, SOBALD DIE FRAGE GESTELLT WIRD?

Dain:

Wenn du mit einem Kind zu tun hast, das Probleme mit Naturwissenschaft, Mathe oder einem anderen Bereich hat, wo er oder sie Antworten auf Fragen geben muss, solltest du das Kind als Erstes fragen: „Weißt du die Antwort auf die Frage, sobald sie gestellt wird oder sobald du sie gelesen hast?"

Es gab eine Zeit, als Garys jüngste Tochter Dreien und Vieren in Naturwissenschaft und Mathe bekam. Sie fragte: „Kannst du mir Nachhilfe geben?"

Ich dachte: „Machst du Witze?" Ich hatte keine Ahnung, wie ich jemandem Nachhilfe geben sollte, aber ich sagte: „Okay, wir werden sehen, wie das funktionieren wird."

Wir setzten uns gemeinsam hin, und ich sagte: „Löse einige dieser Aufgaben für mich. Lass mich sehen, wo deine Gedanken hingehen und was vor sich geht." Ich sah, dass ihr, sobald sie eine Frage las, eine Antwort in ihren Kopf kam. Ich konnte es energetisch spüren. Sie las, las und las und war im Fragemodus und plötzlich gab es diese kleine energetische „Popp", wenn sie die Antwort hatte. Aber anstatt ihrem Wissen zu vertrauen, versuchte sie dann die Antwort herauszufinden, denn niemand sagte ihr jemals: „Hey, die Antwort kann dir einfach in den Kopf kommen. Es ist in Ordnung."

Anstatt sich also auf die Antwort zu verlassen, die sie *wusste*, versuchte sie, die Antwort *durch Denken herauszufinden* – und hatte fast immer das falsche Ergebnis. Sie kannte die Antwort bereits, aber sie vertraute nicht darauf. Es war unglaublich, das in Aktion zu sehen.

Ich ließ sie die Frage vorlesen und stoppte sie, sobald ich sah, dass die Antwort da war. Ich sagte: „Okay, stopp! Was ist dir in den Sinn gekommen? Schreib es auf." Sie schrieb die Antwort auf, und es war immer die korrekte Antwort oder ein Teil davon. Das geschah augenblicklich – aber dann versuchte sie, es durch Denken herauszufinden oder zu „beweisen", und dann begannen ihre Schwierigkeiten.

Sie fühlte sich dumm und hoffnungslos; sie dachte, sie wisse nichts über die Fächer, die sie lernte, aber sobald sie sah, dass sie eigentlich die Antworten hatte, merkte sie, dass sie tatsächlich eine Menge wusste.

AUSDEHNEN

Anne:

Während des Schultages werden die Kinder normalerweise aufgefordert, aufzupassen und sich zu konzentrieren, was bedeutet, dass sie ihr Universum sowie ihr Gewahrsein zusammenziehen müssen. Wenn dies geschieht, können Ereignisse eine Bedeutsamkeit, Wichtigkeit und Dichte annehmen, die zu Aufregung und Unbehagen führen. Wenn zum Beispiel ein langsamer Mathelehrer nicht versteht, wie ein

Hochgeschwindigkeits-X-Man-Kind eine Matheaufgabe gelöst hat, glaubt das X-Man-Kind möglicherweise, dass der Mathelehrer es für dumm und falsch hält, und regt sich dann vielleicht auf oder zieht sich zurück.

Ich bitte das Kind, sich auszudehnen, indem es sich gewahr ist, dass der Mathelehrer langsam ist und es blitzschnell. Wenn Kinder sich ausdehnen, werden die Dinge, die um sie herum vor sich gehen, weniger bedeutsam, und sie bekommen Gewahrsein und Klarheit über das, was ist. Sie verlieren ihre Schwere und Zusammengezogenheit von Bewertung und Falschheit und werden zu Raum. So merkt das Kind, dass es nicht falsch liegt und dass der Mathelehrer nicht falsch liegt; beide denken und kommunizieren einfach nur unterschiedlich. Das Kind merkt, dass es nicht ändern muss, wer es ist, und dass es vielleicht in einer Sprache, die der Mathelehrer verstehen kann, die Schritte erklären kann, die es zur korrekten mathematischen Lösung geführt haben.

DIE AUFGABEN VON HINTEN ANGEHEN

Häufig ist die beste Art, das zu tun, die Aufgaben von hinten oder auf nichtlineare Weise aufzurollen. Bitte das Kind, mit der Antwort zu beginnen und dann rückwärts zum Anfang der Matheaufgabe zu gehen. Häufig verändert das schon genug für die Kinder, sodass sie die Wörter finden können, um dem Lehrer zu beschreiben, wie sie zu der Lösung gekommen sind. X-Men-Kinder gehen nicht in dieser Reihenfolge von Punkt A zu Punkt B, C und D. Sie sagen mir, dass sie ein bisschen hier und dann ein bisschen dort bekommen. Aus der Perspektive dieser Realität ist das nicht der richtigen Reihenfolge, und doch ergibt es absolut Sinn für sie – und ihre Antworten sind korrekt. Natürlich braucht es einen Mathelehrer, der bereit ist, über die Regeln hinauszugehen, wie Mathe zu lehren und zu lernen ist. Wenn Lehrer bereit sind zuzuhören und zu sehen, was ist, kapieren sie es oft.

WERKZEUG: WAS IST DEINE ERSTE SPRACHE?

Gary:

Ich arbeitete mit einem amerikanischen Jungen, der sein ganzes Leben lang Englisch gesprochen hatte. Er ging in eine jüdische Schule und lernte Englisch und Hebräisch. Er bekam Einsen in Hebräisch und sprach es wie ein Muttersprachler, und versagte im Englischunterricht. Offensichtlich konnte er nicht verstehen, was vor sich ging.

Ich fragte ihn: „Was ist deine erste Sprache?" Durch diese Frage lädt man die Menschen zu ihrem Gewahrsein dessen ein, was ihre erste Sprache ist. Manchmal lautet die korrekte Antwort, dass ihre erste Sprache Energie ist. In anderen Fällen, wenn jemand blockiert ist, Zugang zu einer bestimmten Sprache zu finden, lädt die Frage sie dazu ein, ein anderes Gewahrsein dessen zu erlangen, was ihre erste gesprochene Sprache war.

Er sagte: „Hebräisch."

Wir zerstörten und unkreierten alles, was nicht erlaubt, dass Englisch wie eine erste Sprache für ihn war – nicht eine erste Sprache, sondern *wie* eine erste Sprache, wo er all die Lebenszeiten kannte, in denen er all diese Informationen zur Verfügung hatte.

Wir zerstörten und unkreierten auch alle Lebenszeiten, in denen er Englisch konnte und es fließend schreiben und sprechen konnte, einschließlich all der Zeiten, in denen er ein Englischprofessor gewesen war. Dies erlaubte ihm, alle Beschlüsse, Bewertungen, Schlussfolgerungen und festen Ansichten aus diesen Lebenszeiten über Englischsprechen und Englischschreiben zu klären. Und schließlich zerstörten und unkreierten wir alles, was ihn davon abhielt zu wissen, dass er Englisch genauso gut schreiben und sprechen konnte wie Hebräisch. Fast augenblicklich änderte er das und bekam Einsen in Englisch.

WERKZEUG: ZERSTÖRE UND UNKREIERE ALLES, WAS ...

Du kannst Kindern auch beibringen, alles zu zerstören und unzukreieren, was ihnen nicht erlaubt, 300 Wörter pro Minute zu lesen, und alles zu behalten, was sie gelesen haben – oder alles, was ihnen nicht erlaubt, in Gänze alles, was auf jeder Seite ist, sofort wahrzunehmen, zu wissen, zu sein und zu empfangen – oder alles, was ihnen nicht erlaubt, die Antworten auf den anstehenden Test zu wissen. Du kannst deine Kinder bitten zu sagen:

Alles, was mir nicht erlaubt, 300 Wörter pro Minute zu lesen und alles zu behalten, was ich gelesen habe, zerstöre und unkreiere ich alles. Right and Wrong, Good and Bad, POD and POC, All 9, Shorts, Boys, and Beyonds.

WERKZEUG: GEH IN DEN KOPF DEINES LEHRERS

Wenn Kinder für einen Test lernen, lass sie wissen, dass sie die Antwort aus dem Kopf des Lehrers holen können. Sage: „Wenn du einen Test schreibst, geh in den Kopf des Lehrers und frage, welche Antwort seiner Meinung nach korrekt ist. Du kannst dir die Antwort aus dem Kopf des Lehrers holen."

Ich habe Kinder das machen lassen und sie riefen mich an und sagten: „Danke, Gary. Ich habe eine Eins im Test bekommen."

Ich sage: „Gut!" Ich kenne eine junge Dame, die glatte Einser im Junior College bekommt, weil sie die Antworten aus den Köpfen der Lehrer holt. Wenn sie einen Aufsatz schreiben muss, sagt sie: „Okay, alles, was der Lehrer möchte, dass ich weiß, lass mich diese Informationen haben." Sie fängt an zu schreiben, ohne darüber nachzudenken, was sie schreibt, und bekommt glatte Einser in jedem Test. Dies ist eine Fähigkeit, die wir alle haben. Wir haben alle die Fähigkeit zu wissen. Wir könnten sie genauso gut nutzen.

Wenn du die Talente von Kindern und ihre Fähigkeit zu wissen, anerkennst, können sie leichter gute Leistungen in der Schule erzielen. Sie sind bereit zu sagen: „Okay, ich werde die Antwort aus den Köpfen der Leute holen. Ich werde dies wissen, und ich werde jenes wissen."

Dain:

Ich muss sagen, dass ich dachte, Gary redet Schwachsinn, als ich das zum ersten Mal hörte. Ich hatte in der Schule fleißig gelernt und mit Auszeichnung abgeschlossen. Als ich Gary über unsere Fähigkeit reden hörte, Informationen aus den Köpfen anderer Leute herauszuholen, war meine Einstellung: „Komm schon! Auf keinen Fall, Mann. Das kannst du nicht machen!"

Dann begann ich, mit einigen der Kinder bei Access Consciousness zu reden. Ich fragte: „Habt ihr das Zeug ausprobiert?"

Sie sagten: „Ja."

Ich fragte: „Und, funktioniert es?"

Sie meinten: „Ja, und die Schule ist so viel leichter."

Ich fragte: „Lernt ihr denn noch was?"

Sie sagten: „Ja, sogar mehr."

Ich fragte: „Wirklich? Wie kommt es, dass ihr mehr lernt?"

Gary:

Sie sagten Sachen wie: „Ich muss nicht versuchen, es mir zu merken" und „Ich muss nicht versuchen, mir das ganze Material reinzustopfen, und ich drehe nicht durch vor einem Test, weil ich immer weiß, dass ich die Antwort haben werde."

Bist du einer von denen, die bis spät in die Nacht hinein gelernt haben? Wie hat das für dich funktioniert? Erinnerst du dich oder nutzt du irgendwelche dieser Informationen?

Dain:

Ich studierte BWL als Hauptfach, als ich zur Uni ging, weil das das einfachste Fach war, das ich finden konnte. Zu einem meiner wirklich langweiligen Wirtschaftskurse ging ich nur dreimal; am ersten Tag, zur Zwischenprüfung und zur Abschlussprüfung. Ohne es zu merken, tat ich genau das, worüber Gary spricht. Als ich die Kursunterlagen las, stellte ich die Frage: „Was würde der Professor wollen, dass ich hierüber weiß?" Es gab drei Konzepte in einem ganzen Semester an Material, von denen er wollte, dass alle sie wissen, und bei mir kamen zufällig genau diese Konzepte dran.

Gary:

Diese drei Sachen kamen *zufällig* bei dir dran?

Dain:

Seltsam, oder?

Gary:

Nein, das ist nicht seltsam. Diese drei Konzepte kamen bei dir dran, weil du die Frage stelltest: „Was würde der Professor wollen, dass ich hierüber weiß?"

Bring deinen Kindern bei, eine Frage zu stellen, die ihnen das Gewahrsein darüber gibt, was sie lernen müssen – und nicht alles zu lernen und zu denken, dass sie durchfallen, wenn sie nicht die Antwort kriegen, die nötig ist.

WERKZEUG: WAS MUSS ICH HIER WISSEN, UM DEN TEST ZU BESTEHEN?

Hier ist ein weiteres Werkzeug, das du deinen Kindern beibringen kannst, wenn sie ihre Schulbücher lesen: Was muss ich hier wissen, um den Test zu bestehen? Wenn du dieses Werkzeug anwendest, während du liest, werden sich deine Augen ganz plötzlich auf das konzentrieren, was du wissen musst, und du wirst sagen: „Okay! Das ist das, was ich mir merken werde."

Dain:

Stelle einfach diese eine Frage: „Was muss ich hier wissen?" Während du den Stoff liest, wird dein Hirn die Informationen heraussuchen und abspeichern, die du brauchst, um den Test zu bestehen. So funktioniert dein Hirn. Du stellst eine Frage und dein Hirn sagt: „Hey, ich bin hier, um abzuliefern."

Gary:

Wenn du, das Wesen, die Frage stellst, wirst du in der Lage sein, genau das zu wissen, was du wissen musst.

Dain:

Das ist Teil von diesem „Bitte und du wirst empfangen"-Ding.

WERKZEUG: WAS MÖCHTE DER LEHRER, DASS ICH IN DIESEM AUFSATZ SCHREIBE?

Gary:

Ich sprach mit einer Mutter, deren Tochter ADHS hat. Das Mädchen sollte einen Aufsatz schreiben, und sie hatte ihn in ihrem Kopf geschrieben, konnte ihn aber nicht zu Papier bringen.

Ich sagte zu der Mutter: „Lass deine Tochter fragen: Was möchte der Lehrer, dass ich in diesem Aufsatz schreibe? Sag ihr, sie soll diese Frage stellen und dann ihre Ansicht loslassen und einfach anfangen zu schreiben. Sie wird feststellen, dass sie viel mehr weiß, als sie denkt, und es wird alles da sein. Es wird einfach."

Dain:

Dies ist ein sehr hilfreiches Werkzeug für Kinder, die Schwierigkeiten damit haben, einen Aufsatz zu schreiben. Vielleicht müssen sie die Frage einige Male wiederholen, während sie schreiben, aber jedes Mal, wenn sie fragen, wird das Schreiben leichter werden.

Gary:

Du kannst auch schummeln, indem du in den Kopf des Lehrers hineingehst und fragst, was der Lehrer weiß, dass du wissen kannst.

Dain:

Wenn wir sagen: „Schummel in der Schule", meinen wir Schummeln aus dem Gewahrsein. Schummelt nicht aus Ungewahrsein.

Gary:

Schreibe nicht von jemand anders ab, denn wenn du das tust, wirst du die falsche Antwort bekommen. Frag stattdessen, was der Lehrer weiß, dass du schreiben musst. Oder frage: „Welche Antwort geben alle Kinder, die die richtige Antwort wissen?"

Wenn ein Kind mit Zwangsstörung einen Freund im Unterricht hat, der auf derselben Wellenlänge ist, wird das Kind mit Zwangsstörung dieselbe Antwort schreiben wie sein Freund, auch wenn sie falsch ist. Das passiert ständig. Und wenn sie nebeneinandersitzen, wird ihnen natürlich vorgeworfen, dass sie schummeln. Aber das ist kein Schummeln.

Ich sprach mit dem jüngeren Bruder des Jungen, der hervorragend in Hebräisch war, aber nicht so gut in Englisch. Der Bruder hatte vor Kurzem mit dem Hebräischunterricht angefangen und hatte Probleme damit. Ich sagte: „Du musst nur an deinen Bruder denken und die hebräischen Wörter werden kommen."

Ich gab ihm auch einen Prozess, den er anwenden konnte:

> *Alles, was mir nicht erlaubt, alles Hebräisch aufzuschnappen, das mein Bruder weiß, ohne es lesen zu müssen, und alles, was mir nicht erlaubt, in sein Hirn hineinzugehen und die Informationen zu bekommen, die ich mir wünsche, all das zerstöre und unkreiere ich. Right and Wrong, Good and Bad, POD and POC, All 9, Shorts, Boys, and Beyonds**.

KINDERN VORLESEN

Kindern laut vorzulesen, ist eine großartige Möglichkeit, um ihre Sprachgewandtheit zu verbessern. Wenn du autistischen Kindern Bücher vorliest, werden sie anfangen, anders zu sprechen und zu lesen. Allerdings ist die Art, wie wir ihnen jetzt vorlesen, zu langsam für sie. Man kann ihnen kein Buch Wort für Wort vorlesen. Du musst ihnen die ganze Seite übertragen und die Seiten ganz schnell durchblättern.

Mit anderen Worten liest du das Buch mit dem Gewahrsein, dass du die Fähigkeit hast, alle Laute auf der Seite zu denken. Ist dir je aufgefallen, dass du schneller denken kannst als sprechen? Genau das meine ich. Wenn du deinem Kind vorliest, denke, dass du all die Wörter auf der Seite laut ausssprichst und blättere die Seiten nur ein klein wenig langsamer um, als dein Kind es tun würde (was in der Regel sehr schnell ist). Es ist so, also ob du ihnen vorliest, ohne zu sprechen. Gib dem Kind das Bild und die Wörter genau zur selben Zeit. So öffnest du die Türen, damit Kommunikation beginnen kann.

Ich schlug dies einer Mutter vor, deren achtjähriger Sohn kaum sprach.

Drei Wochen später rief sie mich an und sagte: „Mein Sohn liest. Und das ist noch nicht alles: Das erste Mal in seinem Leben spricht er in vollständigen Sätzen."

Alles, was sie getan hatte, war, die Seiten im Buch im selben Tempo wie er umzublättern, während sie ihm übertrug, wie es klingen würde, wenn sie laut vorlesen würde, aber so schnell, wie er es aufnehmen konnte. Zack! Zack! Zack! Innerhalb von acht Wochen bildete er vollständige Sätze.

Hast du jemals einen Schnelllesekurs gemacht? Das Ziel ist, dich dazu zu bringen, dass du die ganze Seite auf einmal liest, sodass du buchstäblich das Buch durchblätterst und alles sieht, was auf den Seiten ist. Am Ende des Buches oder des Kapitels wirst du alles darüber wissen. So machen es autistische Kinder.

In diesen Schnelllesekursen fangen sie damit an, dass sie dich eine Seite sehr langsam lesen lassen, also tu das. Dann steigere die Geschwindigkeit, wenn du den Dreh raushast. Oder vielleicht möchtest du damit spielen, das Buch von hinten zu lesen, und schauen, was passiert. Es gibt viele verschiedene Dinge, mit denen du spielen kannst, um zu sehen, was das Ergebnis sein könnte. Wir müssen diesen Ansatz noch weiter erforschen, da wir nur die Gelegenheit hatten, mit einigen Kindern zu arbeiten.

Anne:

Eine erwachsene Freundin erzählte uns vor Kurzem, dass sie nie von links nach rechts oder von oben nach unten hatte lesen können. Sie sagte: „Stattdessen empfange ich die Energie der Wörter, die ich meine Augen sehen lassen muss. Sie springen auf der Seite hervor und machen sich mir buchstäblich bemerkbar."

Gary sagte zu ihr: „Das sind all die Dinge, die du wissen musst. Was, wenn du dich selbst fragst: ‚Was sagt mir diese Seite?'"

Ich weiß, dass das, worüber wir hier sprechen, seltsam oder „abgehoben" klingen mag. Weißt du was? Das ist es! Und weißt du, was noch? Es funktioniert wirklich! Auch wenn dir einiges oder alles davon möglicherweise unbequem ist, probiere, etwas anderes zu machen. Du könntest von den Veränderungen überrascht werden, die du und dein Kind kreieren können.

~ 24 ~
Wir alle haben die Fähigkeiten, die die X-Men haben

Die X-Men und ihre Fähigkeiten waren bisher unser Fokus, aber dies sind auch Orte, von denen du aus funktionierst. Wir alle haben diese Fähigkeiten, aber wir erkennen sie nicht an, wir schaffen eine Begrenzung unserer selbst. Wir versuchen, uns in die Normalität dieser Realität hinein zu linearisieren.
~ Gary Douglas

Gary:

Die X-Men und ihre Fähigkeiten waren bisher Gegenstand dieses Buches, und wir haben ausführlich darüber gesprochen, aber wir möchten betonen, dass dies Fähigkeiten sind, die du auch hast, auch wenn es dir vielleicht noch nicht klar ist. Wir alle haben die Fähigkeiten, die sie haben. Du hast möglicherweise viele feste Ansichten über Dinge, von denen du meinst, du könntest sie nicht ändern. Nun, wir sind hier, um dir zu sagen, dass du etwas daran ändern kannst.

Wie viele Beschlüsse, Bewertungen und Schlussfolgerungen hast du darüber, was ADS, ADHS, Autismus und Zwangsstörung ist? Hast du geschlussfolgert, dass sie etwas Schlechtes oder eine Begrenzung sind? Oder dass es keine Lösung dafür gibt? Alles, was das ist, zerstörst und unkreierst du das, damit du eine andere Möglichkeit sehen kannst, bitte? Right and Wrong, Good and Bad, POD and POC, All 9, Shorts, Boys, and Beyonds.*

Anne:

Wenn du dieses Buch liest, ist es wahrscheinlich, dass du Talente, Fähigkeiten und ein Gewahrsein hast, das weit über das Fassungsvermögen deines kognitiven Verstandes hinausgeht.

Was wäre, wenn du viel telepathischer und gewahrer bist, als du dir selbst zugestehst?

Wie oft hast du an jemanden gedacht, und dann hat dich derjenige angerufen oder dir eine E-Mail geschickt? Oder du hast ihn gesehen und gesagt: „Oh, ich habe gerade an dich gedacht!"

Wie oft hast du genau gewusst, was jemand sagen würde, bevor er es gesagt hat?

Denkst du schneller, als du sprechen kannst?

Hast du jemals schon im Voraus gewusst, was geschehen würde, und dann trat es ein?

Hast du jemals das Universum gebeten, dir dabei zu helfen, das Geld für etwas zusammenzubekommen, was du wirklich tun oder haben wolltest – und es geschah?

Als du in der Schule warst, haben deine Lehrer in dein Zeugnis geschrieben: „schöpft nicht sein/ihr volles Potenzial aus" oder „führt nicht Ende, was er/sie anfängt" oder „hat Schwierigkeiten, sich zu konzentrieren" oder „ist impulsiv – plappert los"?

Hat man dich je als seltsam bezeichnet?

Hast du verzweifelt versucht, dich anzupassen, und dann aufgegeben und dich mit einem Leben abgefunden, in dem du derjenige bist, der zur falschen Zeit lacht, einen Kommentar abgibt, der die Gruppe zum Schweigen bringt und sich „unangemessen" kleidet (obwohl sich herausstellt, dass dich alle beneiden, die sich so anziehen wollten wie du, aber nicht den Mut dazu hatten)?

Bewertest du dich selbst unerbittlich dafür, dass du so anders bist?

Wirst du verrückt vor Langeweile, solange du nicht in Bewegung bist, Neues lernst und über das hinauskreierst, was als akzeptabel gilt?

Wie viele Bücher liest du gleichzeitig?

Was, wenn nichts falsch mit dir wäre? Was, wenn anders nur anders ist – nicht falsch? Gibt es eine Möglichkeit, wie du diese Andersartigkeit zu deinem Vorteil nutzen kannst? Wie würde das aussehen?

Fragst du dich manchmal, warum Menschen eines sagen, wo sie doch so eindeutig etwas anderes meinen?

Fragst du dich je, wie manche Menschen so gemein sein und damit davonkommen können? Und was ist mit den freundlichen Menschen, die so schlecht behandelt werden?

Hast du je das Gefühl, dir platzt der Kopf vor all der Verrücktheit, die du siehst, die alle anderen für normal zu halten scheinen?

Hast du jemals still sitzen können? Irgendwann?

Hast du jemals deine Gedanken verlangsamen können? Irgendwann?

Hast du deinen Verstand je dazu bringen können, nur einen Gedanken zur gleichen Zeit zu haben? Irgendwann?

Hast du je ein Händchen für Tiere oder Kinder gehabt? Bist du derjenige, von dem sie wissen, dass du für sie da bist?

Wenn du ein Lehrer bist, der im Schulsystem arbeitet, bist du derjenige, auf den die Kinder sich freuen?

Ob du ein Elternteil bist oder nicht, bist du derjenige, zu dem sich die Kinder hingezogen fühlen?

Hast du immer gewusst, dass noch etwas anderes möglich ist, aber nie gewusst, *was* oder *wie*?

Hier sind einige Werkzeuge, die du verwenden kannst, um auf das zuzugreifen, was du weißt:

WERKZEUG: ENERGIE, RAUM UND BEWUSSTSEIN

Frage:

> *Welche Energie, welcher Raum und welches Bewusstsein können mein Körper und ich sein, die uns erlauben werden, die Energie, der Raum und das Bewusstsein zu sein, das wir wirklich sind, in der Schule, zu Hause, bei der Arbeit oder wo immer wir auch sind? Alles, was das nicht erlaubt, zerstöre und unkreiere ich alles. Right and Wrong, Good and Bad, POD and POC, All 9, Shorts, Boys, and Beyonds*.*

Meine Freundin Trina stellt diese Frage, bevor sie ein Klassenzimmer betritt. Sie sagt, dass, egal, wie chaotisch und aufgeregt die Kinder auch sein mögen, sie sich innerhalb von einer oder zwei Minuten beruhigen und die Klasse friedlicher wird.

WERKZEUG: AUS DER BEWERTUNG AUSSTEIGEN

Jedes Mal, wenn du merkst, wie du dich bewertest oder eine Ansicht darüber hast, was jemand anders tun sollte oder nicht tun sollte, PODe und POCe das alles. Sage:

Alles, was das ist, zerstöre und unkreiere ich alles. Right and Wrong, Good and Bad, POD and POC, All 9, Shorts, Boys, and Beyonds˚.

Du musst nicht definieren, was „das" ist. Du hast die Energie der Dichte der Begrenzung und ohne sie benennen zu müssen, kannst du das alles zerstören und unkreieren.

WERKZEUG: WÄHLE

Deine Wahlen müssen nicht ewig andauern. Wenn du eine Wahl triffst, und es nicht klappt, kannst du etwas anderes wählen. Wenn du zum Beispiel wählst, dein Kind ins Kino mitzunehmen, und bald klar wird, dass er oder sie nicht bis zum Ende wird sitzenbleiben können, kannst du etwas anderes wählen. Wenn du merkst, dass du wütend oder ängstlich bist, kannst du eine andere Wahl treffen, wie zum Beispiel eine Frage zu stellen wie: „Wem gehört das?" oder das Clearing Statement anwenden.

WERKZEUG: WESSEN BIN ICH MIR GEWAHR?

Frage: Wessen bin ich mir gewahr, das ich nicht anerkenne? Das ist eine wunderbare Frage, die du stellen kannst, wenn du traurig, besorgt oder wütend bist.

WERKZEUG: WAS WEIß ICH?

Wenn du anfängst, zu denken, zu analysieren, nach Antworten zu suchen oder zu versuchen, Dinge durch Denken herauszubekommen, frage: Was weiß ich, das ich vorgebe, nicht zu wissen? Du wirst vielleicht überrascht sein, was hochkommt. Es ist sehr wahrscheinlich, dass es nicht logisch oder linear ist, und es wird nicht annähernd so aussehen, wie du gedacht hättest. Vertraue auf das, was du wirklich weißt, auch wenn es keinen Sinn zu ergeben scheint!

Nachwort

Anne:

Die folgende Unterhaltung zwischen Gary, Dain und Crystal, einem siebzehnjährigen autistischen Mädchen, fand vor Kurzem in einem Access Consciousness-Kurs statt.

Crystal (zögernd): Ich bin Crystal … (atemlos) ich bin autistisch … und als ich aufwuchs … hatte ich das Glück, eine Familie zu haben, die sehr intuitiv ist … ich musste nicht wirklich sprechen … und im Grunde habe ich das großenteils nicht getan … Es ist meiner Großmutter zu verdanken, die es bemerkte und meiner Mama sagte: „Du musst ihr Sprechen beibringen", dass ich überhaupt in der Lage bin zu sprechen … (lange Pause) … Ich muss euch danken, denn seit Access … hat sich mein Leben wirklich verändert … ich gehe aus … ich habe Freunde … Ich habe ein Leben, ich fange an, wirklich zu funktionieren …

Gary: Ja! (Leises Lachen und Ja´s im Publikum.)

Crystal: Aber es gibt immer noch Zeiten …

Gary: Deine Mama weint … (Gelächter) … Sie freut sich für ihr Kind …

Crystal (atemlos) … Es gibt immer noch Zeiten, wo ich wie gelähmt kann einfach nicht dahin kommen, dass ich in bestimmten Situationen sprechen kann … oder funktionieren …

Gary (mit großer Freundlichkeit): Kann ich dir etwas sagen? (Crystal nickt.)

Gary: Du hast Fähigkeiten, keine Behinderungen, also hat deine Unfähigkeit zu sprechen vielleicht nichts mit dir zu tun. Es könnte mit der Unfähigkeit anderer Leute zu tun haben zu hören.

(Crystal atmet hörbar auf.) (Publikum applaudiert.)

Dain: Also, ich habe eine Frage ... Ist Spanisch deine erste Sprache?

Crystal (ohne zu zögern): Ich habe keine erste Sprache. (Publikum lacht.)

Dain: Au contraire ...

Gary: Dies ist deine erste Sprache. Gewahrsein ist deine erste Sprache.

Kursteilnehmer: Sie spricht auch Mandarin, Spanisch und Englisch.

Crystal (mit einem leichten Lächeln): Und ein bisschen Dänisch und Japanisch.

Gary: Siehst du, was ich meine – extreme Fähigkeit? Ich kann kaum ein bisschen Spanisch und ein klein wenig Englisch.

Crystal (spricht langsam): Meine Frage ist ... wie gehe ich mit diesen Situationen um?

Gary: Indem du erkennst, dass, wenn du nicht sprechen kannst, das so ist, weil die Leute nicht hören können. Es liegt nicht daran, dass du nicht sprechen kannst. Und du weißt das. Du hast ein Maß an Gewahrsein, das wenige Menschen auf dem Planeten jemals haben werden, und du musst bereit sein, das anzuerkennen. Das wird dir die Freiheit geben zu wissen, wann du sprechen solltest und wann nicht.

Crystal: Gibt es dann etwas, was ich in solchen Situationen tun kann, das … das die Leute empfangen können? … Ich möchte nicht unhöflich erscheinen … indem ich Leuten einfach nicht antworte.

Gary: Alles, was du tun musst, ist zu sagen: „Es tut mir leid, ich kann gerade nicht antworten" oder „Ich melde mich wieder deswegen" oder „Weißt du was? Ich muss darüber nachdenken. Gebt mir ein paar Tage." Bis dahin werden sie es vergessen haben, und du bist aus dem Schneider. Du musst die Sprüche lernen.

Crystal (lachend): Danke.

Anne: Crystal studiert jetzt an einer Universität in Japan.

Was bedeuten die Wörter im Clearing Statement?

Das Clearing Statement von Access Consciousness ist wie ein Zauberstab.
Wolltest du jemals in der Lage sein, Dinge zu verändern, einfach, indem du darum bittest? Genau das macht das Clearing Statement.
~ Gary Douglas

RIGHT AND WRONG, GOOD AND BAD, POD AND POC, ALL 9, SHORTS, BOYS, AND BEYONDS®

Right and Wrong, Good and Bad (Richtig und falsch, gut und schlecht) ist die Abkürzung für: Was ist richtig, gut, perfekt und korrekt daran? Was ist falsch, gemein, böse, schrecklich, schlecht und furchtbar daran? Die Kurzfassung dieser Fragen lautet: Was ist richtig und falsch, gut und schlecht? Es sind die Dinge, die wir für richtig, gut, perfekt und/oder korrekt halten, die uns am meisten feststecken lassen, weil wir sie nicht loslassen möchten, da wir beschlossen haben, sie richtig hinbekommen zu haben.

POD steht für den Punkt der Zerstörung (Point of Destruction), all die Arten, auf die du dich bisher selbst zerstört hast, um, was immer du auch klärst, in der Existenz zu halten.

POC steht für den Punkt der Kreation (Point of Creation) der Gedanken, Gefühle und Emotionen, die deinem Beschluss, die Energie einzuschließen, direkt vorausgegangen sind.

Manchmal sagen die Leute, „POD und POC", was einfach die Abkürzung für das längere Clearing Statement ist. Wenn man „POD und POC" sagt, ist das, als ob man die unterste Karte aus einem Kartenhaus herauszieht. Das Ganze stürzt in sich zusammen.

All 9 steht für die neun verschiedenen Arten, auf die du diese Sache als eine Begrenzung in deinem Leben kreiert hast. Sie sind neun Schichten von Gedanken, Gefühlen, Emotionen und Ansichten, die die Begrenzung als fest und real kreieren.

Shorts ist die Kurzversion einer viel längeren Reihe an Fragen, unter anderem: Was ist bedeutungsvoll daran? Was ist bedeutungslos daran? Was ist die Bestrafung dafür? Was ist die Belohnung dafür?

Boys steht für die energetischen Strukturen, die als geschlossene Sphären bezeichnet werden. Im Grunde haben sie mit jenen Bereichen in unserem Leben zu tun, wo wir ständig versucht haben, etwas in den Griff zu bekommen, ohne Erfolg. Es gibt mindestens dreizehn verschiedene Arten dieser Sphären, die gemeinsam als „the boys" bezeichnet werden. Eine geschlossene Sphäre sieht aus wie die Seifenblasen, die entstehen, wenn du in eine dieser Seifenblasenpfeifen für Kinder bläst, die viele Kammern hat. Das produziert eine riesige Menge an Seifenblasen, und wenn du eine Blase zerplatzen lässt, füllen die anderen Blasen die Leere sofort aus.

Hast du jemals versucht, die Schichten einer Zwiebel zu schälen, als du versucht hast, zum Kern eines Problems vorzudringen, konntest aber nie dorthin gelangen? Das liegt daran, dass es keine Zwiebel war; es war eine geschlossene Sphäre.

Beyonds sind Gefühle oder Empfindungen, die dein Herz und deinen Atem zum Stocken bringen, oder deine Bereitschaft, nach Möglichkeiten zu schauen, stoppen. Beyonds treten ein, wenn du im Schockzustand bist. Es gibt viele Bereiche in unserem Leben, wo wir vor Schreck erstarren. Jedes Mal, wenn du erstarrst, ist das ein Beyond, das dich gefangen hält. Das ist das Schwierige an einem Beyond: Es hält dich davon ab, präsent zu sein. Die Beyonds umfassen alles, was außerhalb von Glauben, Realität, Vorstellung, Auffassung, Wahrnehmung, Rationalisierung, Vergebung sowie allen anderen Beyonds liegt. Sie sind in der Regel Gefühle und Sinneswahrnehmungen, selten Emotionen und niemals Gedanken.

Über die Autoren

Anne Maxwell, LCSW (Licensed Clinical Social Worker = zugelassene klinische Sozialarbeiterin), RPT-S (Registered Play Therapists-Supervisors = registrierte Spieltherapeuten-Supervisoren), ist eine Kinder-, Spiel- und Familientherapeutin und Access Consciousness-Facilitatorin. Viele der Kinder, mit denen sie arbeitet, kennen sie als die „Spiel-Lady" und bei einigen ihrer Kollegen gilt sie als die „Kinderflüstererin". Sie hat über 25 Jahre Erfahrung bei der Arbeit mit Kindern aller Altersstufen und Hintergründe, denen alle möglichen Diagnosen gestellt wurden, sowie mit Erwachsenen und Familien. Anne gibt auf der ganzen Welt Kurse und hat einen einzigartigen Ansatz der Veränderung für Kinder und Familien entwickelt. Sie bringt Kindern und Eltern bei, Zugang zu ihren eigenen Fähigkeiten und ihrem eigenen Wissen zu erlangen und es wahrzunehmen, und anzuerkennen, dass anders einfach nur anders bedeutet; nicht richtig und nicht falsch. Und die Ergebnisse sind magisch, phänomenal, großartig! Heilen und Veränderung sind so viel einfacher, effektiver, machen mehr Spaß und geschehen schneller!

Gary Douglas hat vor 30 Jahren den Weg für eine Sammlung transformativer lebensverändernder Werkzeuge und Prozesse bereitet, die unter dem Namen Access Consciousness bekannt sind. Diese Werkzeuge, die zu den kreativen Vorreitern des Bewusstseins zählen, haben das Leben von Zehntausenden von Menschen auf der ganzen Welt verändert. Sein Ansatz hat sich in über 170 Ländern verbreitet, und derzeit gibt es über 3.000 ausgebildete Facilitatoren weltweit. Die Werkzeuge sind einfach und effektiv und ermöglichen es Menschen aller Altersstufen und Hintergründe, jene Begrenzungen aufzuheben, die sie von der

Freiheit abhalten, ein Leben zu leben und zu kreieren, das sie sich wirklich wünschen.

Dr. Dain Heer ist ein internationaler Redner, Autor und Facilitator von Fortgeschrittenen-Workshops weltweit. Aus einer Haltung völligen Erlaubens, sowie mit Anteilnahme, Humor und einem phänomenalen Wissen inspiriert er Menschen zu mehr Bewusstsein und lädt sie dazu sein. Er ist der Mitgestalter von Access Consciousness. Er hat einen vollkommen anderen Ansatz für Heilung: Er zeigt Menschen, wie sie ihre eigenen Fähigkeiten und ihr Wissen anzapfen und nutzen können.

www.ingramcontent.com/pod-product-compliance
Lightning Source LLC
Chambersburg PA
CBHW022101160426
43198CB00008B/305